新时期高校财务管理与审计

辛 妍/著

新华出版社

图书在版编目（CIP）数据

新时期高校财务管理与审计 / 辛妍著 .
—北京： 新华出版社，2021.8

ISBN 978-7-5166-5997-7

Ⅰ . ①新… Ⅱ . ①辛… Ⅲ . ①高等学校 – 财务管理 –
研究②高等学校 – 审计 – 研究 Ⅳ . ① G647.5 ② F239.66

中国版本图书馆 CIP 数据核字（2021）第 163119 号

新时期高校财务管理与审计

著　　者： 辛　妍

责任编辑： 李　宇　　　　　　　　　　　　　**封面设计：** 马静静

出版发行： 新华出版社

地　　址： 北京石景山区京原路 8 号　　　　**邮　　编：** 100040

网　　址： http：//www.xinhuapub.com

经　　销： 新华书店

　　　　　　新华出版社天猫旗舰店、京东旗舰店及各大网店

购书热线： 010-63077122　　　　　　**中国新闻书店购书热线：** 010-63072012

照　　排： 北京亚吉飞数码科技有限公司

印　　刷： 北京亚吉飞数码科技有限公司

成品尺寸： 170mm×240mm

印　　张： 11　　　　　　　　　　　　　**字　　数：** 172 千字

版　　次： 2022 年 4 月第一版　　　　　　**印　　次：** 2022 年 4 月第一次印刷

书　　号： ISBN 978-7-5166-5997-7

定　　价： 62.00 元

前　言

　　财务管理是高校经济管理的核心,资金管理是高校财务管理的"心脏",制度管理是高校财务管理的灵魂,资源优化配置是高校财务管理的动力,财务审计是维持和保证"心脏"正常跳动的瓶颈。但是当前我国部分高校忽视了财务管理和财务审计在高校可持续健康发展中的关键作用,财务管理体制僵化,财务运行机制呆板,预算管理不理想,资源配置不优化,资产闲置浪费多,资金使用效益难保证,经济活动无考评。为了适应高校办学主体多元化,解决财务关系复杂化,满足财务管理精细化,完善经济行为制度化,做到内部控制标准化,达到资源配置最优化,实现资产效用最大化;为了帮助高校领导干部和财务工作者更加全面地贯彻落实国家和地方的有关财经政策,更加深刻地剖析问题根源,更加有效地规避和防范违规问题的发生,进一步提高财务管理水平,作者编辑出版了本书。

　　在高校许多工作逐步走上市场机制的转轨时期,管理和监督有时还不能适应经济新机制转变的步伐,尤其是内部审计监督职能的发挥不尽人意。加强高校财务管理,提高教育资金使用效益,严格高校财务审计程序是实现"教育强国"战略的重中之重。因此,探讨如何进一步完善高校财务管理和审计监督制度,确保高校各项事业的健康和顺利发展具有重要意义。本书最大的特点是针对当前我国高校财务管理的现实状况及审计工作存在的问题和应采取的措施进行了深入细致的阐述。本书共分五章,第一章是新时期高校财务管理与审计概述;第二章是高校财务管理基本内容,分别介绍了高校财务预算管理、资本管理、成本管理、会计人员管理等内容;第三章从高校财务管理模式创新、技术和方法创新、系统创新、对策和经验借鉴等方面,介绍了新时期高校财务管理创新的内容;第四章主要内容包括高校内部控制审计、基建管理审计、经济责任审计等内容;第五章介绍了高校审计监督控制系统和高校审计监督的强化措施,以及高校审计风险防范。

本书对我国高校近年来非常规跨越式高速发展过程中在财务管理方面存在的共性问题进行了高度的概括,对其产生问题的根源进行了深刻的剖析,对应采取的解决措施进行了全面的总结,为全面提升我国高校财务管理水平和能力,为高校财务审计工作提供了标准和方法,指明了方向,创新了思维,提供了策略,完善了体系,具有较强的针对性、实用性、合理性和前瞻性。

作者重视在实践中积极探索,积累经验和素材,并借鉴专家们的研究成果。对专家们的研究成果和共享资源,作者谨表示衷心的感谢。由于时间仓促,加之作者水平所限,本书的实际写作情况与良好的愿望之间还存在差距,诚恳地希望学界同行和广大读者就本书的不足之处提出宝贵意见,以便修订时予以弥补和修正。

作　者

2021 年 6 月

目 录

第四章　高校审计管理内容

第五章　高校审计监督

参考文献

第一章

新时期高校财务管理与审计概述

"教育强国,科技强国"传递了正能量,指明了我国高等教育未来的发展方向。面对新形势新任务,为了实现"加快推进教育现代化、努力办好人民满意的教育"的目标,我国高等院校必须高举中国特色社会主义伟大旗帜,全面落实教育规划纲要,解放思想、创新思维,深化教育领域综合体制改革,挣脱传统体制对教育科学发展的束缚,争取在关键领域和薄弱环节有所突破,以加快转变教育发展方式、完善推进教育改革的体制机制为着力点,深化教育领域的改革,对高校来说改革的核心就是财务管理体制的改革。

第一节

高校财务管理与审计概述

"高校财务管理"是一个动态的课题,其研究内容主要包括:财务管理的内涵承载与外延拓展,财务管理的生存路径与环境影响,财务管理的缺失问题与现存困难,财务管理的施政能力与智慧谋略,财务管理的体制建设与水平提升等。

一、高校财务管理概述

高校财务管理,就是高校要学会在改革、稳定和发展的大环境中有尊严地生存;合力构建良好的经济秩序和财务管理平台;善于在各项事业、各类群体与财务的矛盾中自由地周旋;运筹帷幄,全力提供学校正常运行的资金保障;严密防范内在、外在、潜在的各种资金风险;竭诚为教学、科研、行政、后勤、学生等做好各项财务服务。

(一)高校财务管理定义

高等院校财务管理是高校内部管理的重要组成部分,财务管理的优劣直接影响着学校各项事业的健康发展。随着社会主义市场经济的发展和高等院校独立法人地位的确立,高校管理体制发生了很大的变化,高等学校改变了过去由政府统一管理、经费由政府统一提供的局面,逐步建立起"政府宏观管理、学校面向社会自主办学"的全新教育体制。高等院校的财务活动呈现新的特点:筹资渠道多元化,面对的经济活动多样化、复杂化。高等院校内的经济活动除围绕教学、科研工作开展外,还有企业、商业的独立核算经济成分。[①] 高等院校不管是实施内涵式发展战略还是外延式发展战略,都面临着人才竞争、设备竞争、待遇竞争的压力,经费矛盾更加突出。由于外部环境和内部情况的变化,在财务管理上,明显提出了比原来高得多的要求,这就需要高等学校根据国家的政策法规,结合自身的实际,创造性地开展高校财务制度建设,创建出系统、规范、适用、高效、创新的财务管理体制和机制,以绩效为导向,围绕绩效最大化的目标进行财务管理,为学校整体的发展提供良好的资金保障和财务服务。

随着社会主义市场经济体制的建立和发展,我国教育体制的改革不断深入。由此出现了经济活动多样化和复杂化现象,客观现实要求高等学校必须加强财务管理,建立健全切实可行的各项财务管理制度,使财务管理工作发挥其应有的职能作用,将教育体制改革逐步推向深入。

当前高校在财务管理方面还存在着不少急需改进的问题。如一些高校领导因不熟悉财会规定,时而会发生一些违规现象。在部分高校中,不同程度地存在着预算管理不规范、财务收支不真实、挤占挪用专项资金、资产管理不严、投资决策失误、损失浪费、私设"小金库"等问题;个别财务人员、基建管理人员或其他人员,因贪污受贿、挪用公款而触犯刑法。高校经济活动中的这些违纪违法案件严重影响了教育经费的使用效率,必须引起高等学校各级有关负责人及财务人员的高度重视,并采取有力措施予以防范与解决。加强高校财务管理,是高校改革和发展顺利进行的重要保证。

(二)高校财务管理应遵循的主要原则

1.依法进行管理

高校开展经济活动和财务工作必须遵守相关的法律法规,以针对高等学校颁布的《高等学校财务制度》等规章制度为准绳。高校作为培养高、精、尖人才的摇篮而地位与作用特殊,要求高校必须利用法律的

---

① 司金贵.山东省教育财务管理研究第 2 辑 [M].济南:山东大学出版社,2008.

武器保障自身的权力与利益,维护自身的名誉与公众形象。

2. 多方筹集资金

现在,高校可以争取到的财政拨款是有限的,不能覆盖高校的日常支出,因此,为了教育改革的顺利进行和教育事业的持续发展,高校需要开拓筹资渠道,多方筹集资金。

3. 合理配置资源

高校应该充分地利用资金,使有限的资金发挥更大的价值,根据目标和发展的需要,制定更为合理的财务管理办法,更加科学合理配置财力资源,把钱花在刀刃上。

4. 理顺各方关系

高校的财务管理要根据自身的实际情况与优势,量力而行,科学合理地利用资金,把钱花在最该花的地方。高校的财务管理工作还应该立足长远,坚持可持续发展原则,切忌寅吃卯粮,提前消费,一切经济活动与业务开展应围绕着实现高校目标、促进高校发展这个目标。奠定坚实的基础,并应保障日常的维持性支出,以保证各项工作的正常运转。对于教学、科研以及其他管理工作,必须考虑培养人才与自身经费支出是否相配比,即充分考虑社会效益与经济效益的关系。

(三)高校财务领导体制及管理机构

总会计师制度是中国经济管理的重要制度,在高等教育未普及前,高校的资产和收支总量不大,经济业务比较简单,财务管理的主要任务是管好、用好经费,所以,高校总会计师制度没有得到重视和推广。随着我国市场经济的完善和高校的发展,高等教育的管理体制与结构逐步建立和完善,基本确立了高等学校的法人实体地位,也给予了高等院校较大的自主权。高校已经变成了集人才培养、科学研究、服务社会、文化传承为一体的独立法人实体。多元化的内部经济结构和错综复杂的经济业务对高校的财务管理工作提出了更高的需求,客观上要求高校设置专业化管理人员,以加强财务管理,积极筹措并管好、用好有限的资金,进行科学决策,实现高校长期稳定的发展。

（四）高校财务管理的作用

随着高校教育事业的快速发展,财务管理变得愈来愈重要,也面临许多新问题,尤其在资金管理方面。如何依法多渠道筹集办学资金,如何提高资金使用效益,加强对资金的运作管理,以缓解资金不足对高校生存和发展的影响,这对于保证高校各项事业的可持续发展具有重要的现实意义。

1.积极拓展筹资渠道,切实加强筹资管理

办学资金是学校的"血液",是保障学校生存和发展的重要条件。资金为高校的发展提供动力,而高校的发展又促进了资金筹措。高等学校改变了过去由政府统一管理,并且由政府统一提供教学经费的被动局面,如今已经建立起更加科学合理的教育体制,实现了"政府宏观管理、学校面向社会自主办学"的全新局面。高等院校不再像过去那般待在象牙塔中,而必面对复杂化、多样化的经济环境,因此,财务活动呈现出筹资渠道多元化的新特点。高等院校不再像过去那样"等、靠、要",而需要自收自支,维持财务平衡,经济活动除围绕教学、科研工作开展外,还有商业的独立核算经济成分。[①] 无论是实施内涵式发展战略还是外延式发展战略的高校,人才竞争、设备竞争、待遇竞争这三座大山都压在每所高校的身上,经费矛盾更加突出。由于外部环境和内部情况的变化,在财务管理上,明显提出了比原来高得多的要求,这就需要高等学校根据国家的政策法规,结合自身的实际,创造性地开展高校财务制度建设,创建出系统、规范、适用、高效、创新的财务管理机制、体制,在新形势下,绩效考评被提到重要位置,绩效最大化是高校财务管理的终极目标,为学校整体的发展提供良好的资金保障和财务服务。[②]

2.加强高校资金使用与管理,提高资金使用效益

教育体制改革促使各大高校扩大招生数量和范围,越来越多的学生可以走进高等院校,接受高等教育;高校自身规模和业务也得到大幅度地扩大与发展。逐年扩大的办学规模,不断集中、壮大的学校财力

---

① 司金贵.山东省教育财务管理研究第2辑[M].济南:山东大学出版社,2008.

② 司金贵.山东省教育财务管理研究第2辑[M].济南:山东大学出版社,2008.

要求高校在财务管理和资金使用方面下功夫。高等学校内部管理事项中最为重要的组成部分就是关于资金的财务管理,财务管理关系着整个高校各项事业的运营与发展。财务管理做得好,高校事务运行井然有序,沿着正确的道路,向着既定的目标前进;反之,财务管理一团糟,结果只会既有损高校的名誉与口碑,也无法实现为国家培养创新才的目的。

3.加强高校资金的运作管理

理论上,高等教育中的有限资源主要应投向教学和科研,可实际情况并非如此,高校支出结构不良状况堪忧。首先,高校行政和后勤的运行成本过高,成为高校可持续发展的"包袱"。其次,在高等学校的支出结构中,存在着"重物不重人""重官不重学"的失调现象。因此,高校经费支出要以改革和发展为目标,分清轻重缓急,统筹安排,综合平衡、保证重点支出。要加强对支出项目的管理,合理调整支出结构。

4.充分发挥财务管理的职能,提高资金使用效率

在高校中普遍存在这样一种奇怪现象,即一方面资金不足;另一方面却浪费严重。这跟高校自身的性质和管理体制有很大的关系。因此改革高校管理体制,加强财务支出管理,提高资金使用效益是规避财务风险的另一关键所在。

(五)高校财务管理体制创新的思路与措施

近年来,随着我国高等教育的快速发展,各高校为了提高竞争力,提高办学层次和办学水平,逐年增加招生数量,办学规模不断扩大,学生学杂费收入、办各种学习班收入、科研管理收入、捐赠收入以及其他各种非财政收入已成为高校教育经费的重要来源。高校掌握了一定的资金,但支出项目也大大增加,而财务管理仍沿用计划经济条件下的旧体制,财务管理工作不能适应新形势,这给高校的财务管理带来了许多新情况、新问题。

加强和完善高校财务管理体制,对于高校全方位加强管理,确保学校资金安全具有至关重要的作用,在此提出高校财务管理体制创新的途径以供探讨。

1. 推行校、院(系)两级财务管理制度

传统的教育体制下,高校各项业务和标准都搞一刀切,相对固定在统一的条框里,缺乏自主性。教育体制改革的实施打破了过去的束缚,给高校带来了新的活力。高校可以建立起适合自身实际情况的财务管理制度,改变传统的财务管理体制,实行"统一领导,分级管理"。"统一领导"指的是高校作为一个整体,实行统一的财务制度;"分级管理"指的是校与院(系)两级财务建立财务核算相对独立的分级管理。目前,国际上比较先进的高等学校都实行"统一领导,分级管理"财务制度,院(系)财务管理机构在校财务处及院(系)的双重领导下负责预算、专项资金和创收的核算与管理。这样的财务管理体制的优势是高校可采用两级核算方式核算二级单位的收支,为全院(系)教职工、学生提供教学、科研、行政管理等经济服务。

2. 院(系)财务管理创新原则与思路

高校为了实现发展目标,应该坚持"统一领导,分级管理"的指导思想,顺应改革,建立起校与院(系)分级预算和资金分配标准的财务管理制度。高校的财务管理制度应该改变传统的模式,遵循市场经济规则、高校办学规律以及高校确定的院(系)为实体的原则。以高校确定的院(系)为实体的原则具体体现在以下四个方面:第一,院(系)的工作目标及其责任与院(系)的人、财、物自主权以及经济利益相一致,做到责权利相一致;第二,依照国家的法律和高校的规章制度行使人、财、物的自主权,院(系)必须建立院(系)自我发展与自我约束的运行机制,做到自我发展与自我约束相结合;第三,高校职能部门实行宏观管理与调控,校级财务应该简政放权,管理重心下移,给予院(系)人、财、物充分的自主权,做到高校宏观调控与院(系)自主办学相结合;第四,高校应该通过引入竞争机制,建立以岗定薪、按劳取酬、优劳优酬的校内分配制度,做到效率优先、兼顾公平。①

3. 院(系)财务管理创新目标

现代高校应该根据自身情况和优势科学定位和分工,在创建现代

---

① 司金贵. 山东省教育财务管理研究第 2 辑 [M]. 济南: 山东大学出版社, 2008.

高校财务管理制度的目标的指导下,建立和完善资金预算和拨款机制,对校与院(系)资金管理权限和责任进行分级管理,校级财务应该大力调动院(系)的办学积极性和主动性;创建"目标任务与经费全面挂钩"的运行机制,充分调动院(系)教师投身于教学、科研和学生管理工作的积极性,建设适应教学研究型高校要求的师资和管理队伍。校、院(系)两级管理体制和预算体系的建立是提供良好的经济支撑系统的基础,也是构建高效合理的高校财务管理的前提。

4.财务管理创新措施

新时代的高校必须顺应经济社会的发展,创新财务管理制度,遵循责权利相一致的原则,推行目标管理责任制。高等院校应该根据财政拨款和经费资源的额度来制定适合的发展目标与任务,要做到公用经费、人员经费以及专项经费与其所承担的教学、科研、实验、管理、产业化等任务一一对应,杜绝财务漏洞与浪费。在高校核定的预算额度内和确定的资金使用范围内,允许院(系)在资金总额内调剂使用资金(除专项资金外),预算结余允许结转使用(包括专项资金结余),以确保院(系)在授权范围内行使经济管理权。具体的计算指标包括教学、科研、实验室、管理、产业化、综合补贴经费以及调节经费、队伍建设经费等。

二、高校审计概述

《中华人民共和国审计法》规定,政府审计的内容主要包括政府预算的执行情况和决算以及其他财政收支情况,因此,审计机关在对高校预决算情况以及其他财政收支进行审计的同时,同时也应当对其内部控制进行监督与评价,并将审计报告与内部控制审核报告一同提交相关部门,达到全面了解审计事项管理状况,从而使得评价结论更加全面、完整。

高校的内部审计是高校内部管理的重要组成部分,其职能作用对高校的管理影响很大。在对高校基本建设管理及其风险控制系统认识的基础上,内部审计如何发挥防范风险、加强控制、增值服务作用;在组织决策阶段,内部审计应主动介入,通过建设性的咨询和监督、评价,发挥审计在风险防范方面的重要作用;在项目管理阶段,通过各风险点的细化,并通过笔者所在部门的实例,指出应重点强化设计、招投标、合同签订前、签证、付款、结算环节的管理审计;在资金管理审计方面,通过风险评估、风险预警、风险报告等风险管理措施,使高校资金风险得到有效控制。

（一）高校内部审计的内容

高校财务活动内部控制监督是指审计、纪检监察及高校内部审计与监察部门,对高校财务活动内部控制的建立和实施情况进行的监督。按照实施监督的主体不同可以分为内部监督与外部监督。内部监督和外部监督关注的重点有所不同。

内部监督是指由高校内部进行的内部控制监督活动,包括管理层监督、内部审计监督和纪检监察监督等。与管理部门的监督相比,内部审计部门在整个高校内部控制监督活动中发挥着至关重要的作用。

1.制度建设情况检查

科研管理部门、财务部门、科研项目负责单位对科研项目的内部控制是否健全,科研行为是否规范,奖励及责任追究制度是否落实。高等学校对于内部审计第一个要做的就是定位基本的职业,内部审计的基本职能也就是检查和监督。

2.项目管理情况检查

科研管理部门及项目负责单位对科研立项申报项目合作以及项目结题过程的管理监督情况。针对被审计对象的一切策划是否具有真实性和合法性,是否出现浪费虚报等现象。不仅监督被审对象以及对象的单位,还同时要求双方共同履行相对应的职责,改进优良的营运模式,从而更好地提高高校的经济收入。

3.预算管理情况检查

高等院校预算是国家预算的组成部分,预算管理是高等院校财务管理的重要方面,是学校配置教学资源的手段,是学校进行各项财务工作的前提和依据。进行预算管理与评价的目的是促进预算的编制更加科学合理,使预算编制工作不断得到完善。

4.收支管理情况

检查被审项目经费是否全部纳入学校财务统一管理,对单位的资金流向和经济活动过程与结果的评价和鉴证。还有对于该单位被审核的项目是否完成规定的目标的检测。大额资金支付是否经过授权审批;外拨经费是否订立合同并按合同约定执行,是否经科研管理部门审批、财务部门审核,严格执行项目预算;是否存在违规支出劳务费行为;结存经费是否按照规定进行管理。

5.资产管理情况检查

高校资产一般实行"统一领导,归口管理,分级负责"的管理体制,统一管理是指资产管理实行校长负责制,分管副校长协助校长工作;归口管理是指按其不同形态和分类,由相关部门归口管理;分级负责是指高校、管理部门、使用人分别按不同职责管理或使用资产。检查资产管理情况必须坚持责任制与问责制,哪一环节出现问题应当由该环节的负责人负责解决。

6.绩效管理情况检查

绩效管理情况检查是一个动态过程,必须与绩效计划、过程管理、绩效反馈及奖励惩处等环节紧密相连。为了促进人才的流动,激发整体的相关人员的工作积极性,考评结果要与相关人员的薪酬、奖励、职业发展机会挂钩。

7.纪律管理情况检查

被审项目有无藏留、挪用、挤占科研经费等违反财经纪律的行为。内部审计能够以最合理的保障让高校的经济损害降到最低,现在我国很多高校已经把纪律管理看作是内部审计中一个不可或缺的职能。

(二)高校内部审计组织方式

合理地组织内部审计工作,是高效、快速、质完成内部审计工作任务的前提条件。内部审计工作的组织方式有许多种,具体选用时则要根据内审的任务、对象、内容及工作环境来决定。

1.部门审计与单位审计相结合

随着各级政府主管部门经济职能的转变,部门审计的任务越来越重,审计内容越来越多,不仅要承担大量的行业审计、审计调查,而且还要指导行业内部审计工作。部门审计发挥了政府审计和单位审计所不能发挥的作用,主要表现在:(1)部门审计是政府主管部门管理企事业单位的一种特殊的经济管理手段;(2)部门审计是企事业单位经常性审计的主要承担者;(3)部门审计有利于开展行业审计调查,为行业宏观决策和宏观调控服务;(4)部门审计有利于开展行业经济效益审计,提高行业经营管理水平;(5)部门审计有利于搞好行业内部审计指导工作。

但是,由于各种因素,目前大多数部门审计机构所配备的内审人员不多,审计力量有限。因此,部门审计的很多工作还要放在组织和指导下属企事业单位内审机构开展各种内审业务方面,积极发挥单位审计的作用。对于全行业的重大项目,可由部门审计机构牵头,组织下属单位内审机构联合审计,发挥部门审计和单位审计的两个积极性。

2.事后内部审计与事前、事中内部审计相结合

高校的经济活动总是处于"计划决策—生产过程—完成生产计划"这三个阶段的周始往复的循环之中。前一个阶段为后一个阶段的前提,并为后续阶段奠定生产的基础。一个部门、一个单位,总是存在几种或数十种生产前、生产中、生产后的形态。具体进行哪一种形态的审计,要依审计项目来确定。如基建项目审计,则要把重点放在事前、事中审计上,如年度决算审计,则只能进行事后审计。当然,企业经济活动是复杂的,又是连贯的,不可能简单划分为单纯的三个形态,有时,事后审计又包括事前审计,反过来,事前审计又包括了事后审计。因此,三种形态审计应灵活运用、相互结合。

3.计划内审计与计划外审计相结合

计划内审计是依据高校发展目标,结合内审机构的要求而制定的年度、季度内审计划的实施。计划内审计,一般是事前已确定了审计项目、审计对象和审计范围,确定了内部审计人员以及人员分工,并已确定了实施细则及具体要求以及实施的时间表。但是,部门、单位的经济活动是复杂的,变化多端,若抱着一成不变的内审计划进行工作,不仅不能很好地为生产经营服务,而且这种审计往往陷入盲目性。因此,只有计划内审计与计划外审计相结合,才能把突发性的经济事件纳入内审项目之中,更好地为高校管理服务。

(三)高校内部审计程序

内部审计对于高校来说有着无法撼动的地位,因此单位想要提高自己的成绩,就要将现在的科学技术和传统的精华融合在一起。然而内部审计就是此融合的产物。更好的职能定位,让高校的内部审计工作更为有效,充分地运用高校内部审计工作可以让高校更加准确、规范地进行发展,从而更好地改善高校管理,保证高校的工作质量,进而使高校教育工作紧而有序的发展,实现最高的教育理念。我国高校内部审计流程:审计计划—审计执行—审计结论—后续跟踪。

1. 审计计划

高校对于内部审计第一个要做的就是定位基本的职能,内部审计的基本职能也就是检查和监督。内部审计机构根据上级有关政策要求、高校工作安排及科研管理部门提出的科研经费审计重点,制订审计计划,经主要负责人批准后,负责组织实施审计。列入审计计划的项目具体包括检查科研管理部门、财务部门、科研项目负责单位对科研项目的内部控制是否健全,科研行为是否规范,奖励及责任追究制度是否落实。被审项目使用科研经费购置与形成的固定资产和无形资产是否统一纳入本部门、本单位资产管理,是否存在隐匿、私自转让、非法占有或谋取私利的行为。

2. 审计执行

内部审计机构也可以采取联合科研管理部门、纪检监察部门、财务部门一起审计的方式,或由内部审计机构委托社会中介机构进行审计。

凡需提交内部审计机构审签的项目,科研项目负责人应先将科研经费决算表及相关说明材料提交财务部门审核签章,在上报决算规定的时间内将经财务部门确认的经费项目明细账、财务决算表及其他资料的复印件提前送达内部审计机构,内部审计机构在财务部门审核的基础上按规定审签。

由内部审计机构、科研管理部门、财务部门等相关部门根据科研经费的管和使用情况、单项科研项目经费的额度、项目的重要性,提出科研经费审计立项计划。内部审计机构根据年度审计工作计划安排,在实施审计前将审计通知书送达科研管理部门,由科研管理部门通知被审项目负责人及负责单位,并抄送财务部门。内部审计机构在开展审计前,必须进行审前调查。审计部门对发现的违规违纪问题应及时移交纪检监察部门。

3.审计结论

按照相关规定,上报财务决算前经内部审计机构审签的项目,内部审计机构在财务部门审签的基础之上,根据国家与上级主管部门和高校对项目经费的管理要求进行审签。内部审计机构视工作需要,可对与科研经费有关的经济活动进行延伸审计。审计项目在验收之前,按照经费主管部门的要求,需要第三方出具审计报告的,由各个课题组按照经费主管部门要求委托具有相应资质的社会中介机构进行审计。审计结论中需要体现审计计划编制、调整是否符合有关规定要求,对其结果和期望结果做出对比,评价此次审计活动对于高校的经济效益是否达标。

4.后续跟踪

收到审计报告后,组织被审项目的负责人及相关单位按审计报告要求进行落实、整改,并在收到审计报告后的三个月内将整改结果报送内部审计机构。内部审计机构负责对科研项目审计资料进行整理、归档。内部审计机构根据工作需要,可以对与被审项目有关的经济活动进行延伸审计,被审项目负责人及负责单位应当予以配合。对不按本规定执行的,造成科研项目无法结题或其他后果的,由被审项目负责人及负责单位承担相应责任。后续跟踪也是对高校的制度健全和管理进行评价,从不足中使其得到更好的完善。

(四)高校内部审计作用

高校内部审计机构的基本职责就是进行内部监督。应当看到,内部审计机构在实施内部监督时,也是优势与劣势并存的。

1.优势

优势主要表现为:有内部人的责任感。内部审计人员熟悉、了解学校的实际情况,作为学校的一员,热爱学校,希望学校越办越好,具有强烈的责任感和敬业精神,这种为学校负责的工作精神、工作态度是做好监督工作的保证。有一定履行职责的职业能力。高校内部审计机构的人员素质是比较高的,具备履行职责的基本技能。

2.劣势

劣势主要表现为:内部人及内部审计机构的相对独立性问题。内部审计是在学校行政领导下的独立监督,监督是相对独立的,无法像社会中介机构那样完全地独立于组织之外。内部审计人员自我更新能力受限。现代社会的发展要求内部审计人员不断超越自我,挑战自我,更新知识,提高见识,从历史上看,内部审计人员几乎将所有精力放在审计的具体程序、方法之中,很少能将精力放在对学校的管理进行全方位思考的层面上来,而战略思维、内部计划、承担风险、创新方案、保持核心竞争力、结果导向等方面的内容,是新时期所赋予内部审计人员的使命和要求。

在高校的全面工作中,内部审计是学校千头万绪工作中的一项。内部审计的监督贯穿于学校内部控制整体之中。为发挥职能起到监督作用,内部审计机构应研究高校改革的新局势,主动而细致地开展较为全面的各项审计工作;以监督和服务并重为指导思想,找准审计工作在学校中心工作中的位置;借助社会中介机构的力量,实现内部控制的监督;做好内部控制体系的建立、检查、监督、落实、评价工作;参与学校的重大经济活动,监督经济活动,促进经济活动符合法律法规和学校管理制度;对发现的问题及时向学校领导汇报,保证内部控制体系有效、畅通,减少管理漏洞。

第二节
新时期高校财务管理与审计的发展现状

一、新时期高校财务管理发展现状

基建财务管理的弱化,将会直接影响高校的健康发展,导致资产的损失浪费甚至滋生腐败。这里拟从分析面临的新问题入手探讨高校财务管理的现状和问题。①

(一)管理机制的问题

1.投资决策机制不健全

基本建设项目缺乏严格论证,在学校建设资金严重短缺的情况下,先建什么,后建什么,建成什么标准,缺乏细致的调研和民主监督意识。长期以来分割型思维方式替代系统管理,领导指示替代计划管理。工程前面建了后面改,许多工程在建成后并没有发挥应有的作用,造成了资金的严重浪费。

---

① 司金贵.山东省教育财务管理研究第 2 辑 [M].济南:山东大学出版社,2008.

2.基建财务预算管理缺位

高校基本建设只有项目预算没有年度资金预算,学校上报的基本建设投资计划与学校年度实际支付能力根本不挂钩。一年之中学校准备拿出多少建设资金、办成哪些事谁也说不清。建设项目支出与学校经费支出没有在一个层面上权衡的机会,财务部门也就无法统筹考虑全年的资金预算。尤其从2004年开始,国家对基建投资加强调控,使得很多高校建设资金的来源成了未知数。在这种情况下,无序管理的建设资金开始挤占教育经费,使得正常的教育经费年度预算执行率降低,许多列入预算的教学设备无法购买,必要的教学投入得不到保证,经费预算成了一纸空文。基建财务预算管理的缺位还使得在基建会计核算环节里,制度的技术规范功能无法发挥,因而留下了人为的操作空间。在建工程的财务支付能力无法预计和约束,该不该付款,该付哪些工程款基建会计全然不知,大额资金的支付没有履行集体决策的程序,长官意志超额付款时有发生;有些权力部门为谋取个人利益,明明有钱,也人为拖欠工程款,高校基建领域成了职务犯罪的"重灾区"。

3.无计划筹资

高校的基建资金大部分依赖贷款,借入资金总是要还本付息的,一旦单位无力偿付到期债务,便会陷入财务困境。高校属于非营利单位,还贷资金从何而来?没有过多的考虑过,任凭管理者的感觉盲目决策,往往是没有钱就借。筹资活动也变成了财务处一项孤立的活动,它与任何建设项目不挂钩。为哪些项目筹资,筹集多少资金,筹集什么类型的资金,什么时候筹集,需要承担怎样的筹资成本和风险以及对学校负债结构的影响等都没有进行必要的论证。

4.资金缺乏管理

资金管理理念落后于形势的发展,往往只注重对现金的一般日常管理,而对资金筹措方式的合理性、资金来源的安全性、所筹资金的效益性等方面考虑不足;对货币资金实际需求量的预测、通过不同货币资金存放形态及转换以降低货币资金成本等不够重视;对日常资金的正常运转和大额资金的支付缺乏控制和监督。有时用钱时财务处没有储备资金,有时千方百计借来钱却无用场,不是资金不足就是资金闲置。

（二）会计核算的问题

1.基建工程预算粗糙,为工程决算埋下隐患

有些基建工程没有编制明细的工程预算,"边设计,边勘探,边施工"的三边工程和概算超计划、预算超概算、决算超预算的"三超"项目多。给会计日常核算和工程决算带来很大的麻烦和隐患。经常是超支的资金迟迟不能落实,工程又要赶工期,只能"拆东墙补西墙"地赤字运转。另外,基建项目前期工作做得不细,以频繁增减工程量或变更工程设计来追加工程量,中标金额与决算金额相距甚远,招投标流于形式。

2.待摊费用及待核销基建支出混乱

由于基建开支没有资金计划也无预算控制,待摊费用就像个大箩筐,有些在教育经费无力安排的零星修缮工程及似是而非的零修费用打入了建设成本,使得工程成本更加不实。

3.工程价款的结算管理混乱

一是付工程款和甲方供料的结算有的进预付工程款科目,有的进其他应收款科目,重复挂账造成付款风险。二是入账票据不合规。有的决算项目以工程决算单替代税务发票。预付工程款和结算甲方供料时有的用收据,有的用税务发票。给一些施工单位偷逃税款提供了可乘之机,国家税收白白流失,也为个别心怀不轨的工程管理者弄虚作假、谋取私利提供了便利。

4.借款利息的资本化问题

基建借款利息是高校借入基建借款而付出的代价。如何科学合理地核算建设项目的利息支出,现行的高等学校财务制度和高等学校会计制度均未明确进行规范,从而使得高校在理论上没有相关政策指导,实践操作上也没有相应规范,账务处理存在很多不足。例如,有的高校,基本建设的一期工程已经结束,几千万的利息费用却在几个扫尾在建工程中摊销,使得借款费用比建设成本还高;还有的高校建设工程项目多,借款期限和种类也多,却不考虑借款利息资本化的期间、资本化期间购建固定资产累计支出数及资本化率的计算,将当期所有借款利息

统统完全予以资本化。这样做,混淆了成本与费用的界限,违背了会计信息质量可比性、真实性的原则。

(三)现行制度问题

现行制度滞后于形势的发展,使得基建会计的账务处理、借款形成交付资产的属性和时间都具有不确定因素。

1.会计主体的不确定

高校教育事业会计和基建会计曾经分别独立核算,使得其中的任何一套账务都不能全面、完整、准确地反映高校的财务状况和收入支出情况。从学校决策层方面,学校领导只盯着教育事业费预算执行情况,忽视了对基建财务大额资金的管理和潜在风险,无法准确及时掌握全校的财务状况;从政府管理机关方面,教育经费的投入,基建经费的投入和报表汇总分属于不同的管理渠道,因而无法全面正确评价高校资金的使用绩效;从学校投资者和债权人角度来看,他们掌握的财务信息往往是经过粉饰的财务报表,无法客观掌握高校的财务状况。

2.借款形成资产属性的不确定

现有不少高校将基建借款全部纳入基建财务账,利息也由基建财务全额承担,学校教育经费每年收支相抵剩余的经费结转自筹基建,基建财务根据账面自筹经费拨入的累计金额确定年交付资产数额,同时增加学校固定资产和固定基金。从表面看,交付资产增加了学校的固定资产,但是基建账面却背负着所有的债务。在学校每年结转自筹基建的资金连支付全年的借款利息都不够的情况下,完工交付资产的属性是否还算作学校的权益。另外,学校教育事业经费接受基建交付资产的能力有限,很多高校工程完工投入使用多年,因种种原因无法办理资产交付手续,只能在基建长期挂账,使得高校账面资产严重失实。

(四)深化高校财务管理的具体设想

高校财务管理是保证内部控制建设得以开展并有效实施的重要环节。只有对财务管理的设计和运行情况进行持续评价,才能发现内部控制的高风险点和薄弱环节,并有针对性地修补漏洞,从而实现内部控制系统的不断完善。财务管理评价是优化内部控制自我监督机制的一项重要制度安排,是内部控制系统的有机组成部分,它与内部控制的建立和实施构成了一个有机循环。

高校财务管理评价是指由高校自行组织的,对单位财务活动内部控制的有效性进行评价,形成评价结论,出具评价报告的过程。

1.高校财务管理的主体

《行政事业单位内部控制规范(试行)》规定"单位负责人应当指定专门部门或专人负责对高校财务管理的有效性进行评价并出具评价报告"。为了保证内部控制评价质量,财务管理评价主体必须具备一定的条件:一是具备与监督和评价内部控制系统相适应的专业胜任能力和职业道德素养;二是与单位其他职能部门在评价内部控制系统方面应当保持协调一致,相互配合、相互制约;三是能够得到学校领导的支持,有足够的权威性保证内部控制自我评价工作的顺利开展。

高校校级管理层是高校内部控制有效性的最终责任者。高等教育体制的改革,使高校的办学自主权增大,国家对教育经费的投入也在不断增多,为此,高校校级管理层可以通过设立专门的机构来全面负责高校的财务管理工作,这也是财务管理体系能够发挥作用的基本保证。目前,许多高校已经针对内部控制,成立了专门的内部控制委员会。对于高校而言,设立财经委员会对全校的资金、资产进行全面管理,同时对高校内部控制进行设计、监督、评价,是十分可行的,也是十分必要的。

2.高校财务管理的原则

(1)提高绩效的原则

所有的制度都需要进行绩效评价,高校财务绩效评价制度也不例外。高校管理制度作为一种规则,其最基本的功能是规范和约束高校活动,提高绩效原则是指在高校财务绩效管理中把办学效益的提升作为一个标准,保障高校各项活动的正常运转。

(2)激发潜在活力原则

从高校绩效管理制度来说,应该顺应时代的强劲呼唤,激发高等院校活力的核心就在于:制定一系列的激励机制,创造一个制度创新的新环境,调动高校内部各个系统的积极性与创造性,形成一个整体,将所有力量拧成一股绳,共同完成大学所应有的使命,促进高校全面协调和可持续发展。只有充分派发系统各部分的潜力,才能构建起发展战略与微观设计,才能实现高校的又好又快发展,才能完成高校的"人才培养、科学研究、服务社会"的作用与任务。

（3）优化资源配置原则

对于高等院校组织内部来说,通过科学的战略管理、合理的规划方案来进行教育资源配置,从根本上解决教育服务的办学效益、组织结构和产出规模等问题。优化的核心就是在高校内部资源的利用过程中把握战略重点、重整资源的配置格局,通过采取相应的方案、措施和方法,使资源从低效益的系统向高效益的系统流动,从而提高教育资源利用效益。

（4）协调统筹原则

高等院校是一个庞大的组织机构,有层次分明的"科层制",某一学科、某一学院、某一部门都是这个有机整体不可缺少的组成部分,高校财务绩效管理的作用就在于合理配置各个组成部分之间的资源、调适组织结构而达成整体和谐运转。在统筹协调的基础上,要进一步统筹教育规模、质量、结构和效益的协调发展,统筹人文、社科、理、工、医各学科门类的协调发展,统筹精英教育与大众化教育的协调发展,统筹教学、科研、社会服务之间的协调发展。还要发挥自身学科综合、互补优势,通过整合各种资源,积极推动人文社会科学和自然科学、工程技术的相互渗透,大力推进学科交叉、融合和集成,努力在构建跨学科、跨领域的大平台方面狠下功夫,以进一步凸显传统竞争优势,推动新的竞争优势的形成。高校的快速发展离不开高校综合实力和核心竞争力的提升,必须对高校各方面的发展进行统筹协调、整合优化,对高校各个方面工作进行通盘策划。

3.高校财务管理相关部门的职责权限

（1）高校领导

对财务管理评价承担最终责任,对评价报告的真实性负责;听取自我评价报告;审定内部控制重大缺陷、重要缺陷的整改意见;协调内部控制评价机构在督促整改中遇到的问题。

（2）财务管理评价机构

经学校领导授权具体负责财务管理评价的组织实施;拟定财务管

理评价方案；认定财务管理缺陷；拟定整改方案；编写财务管理评价报告；对于评价过程中发现的重大问题，及时向学校领导汇报；督促被评价部门进行整改。

（3）财务等相关部门

积极配合评价工作的开展，听取评价报告，及时落实整改措施。

（4）内部纪检监察部门

按照相关法律法规对财务管理评价报告进行审核，对单位领导班子建立与实施财务管理以及内部控制缺陷的整改情况进行执纪、监督和问责等。

4.高校财务管理评价的流程

财务管理评价流程一般包括制定评价工作方案、组成评价工作组、实施现场测试、汇总评价结果、编制评价报告等。

（1）制定评价工作方案

高校财务管理评价机构应当根据高校实际情况和管理要求，分析财务活动的高风险领域和重大业务事项，制定科学合理的评价工作方案，报经高校领导班子批准后实施。评价工作方案应当明确评价主体范围、工作任务、人员组织、进度安排和费用预算等相关内容。

高校财务活动的高风险领域和重大业务事项一般包括大额资金支付、大宗资产采购、基本建设项目、重大外包业务、对外投资和融资业务、重要资产处置、信息化建设以及预算调整等。由于各单位实际情况不同，重大经济事项的认定标准应当根据有关规定和本单位实际情况确定，一经确定，不得随意变更。

（2）组成评价工作组

财务管理评价机构应当根据批准的评价方案，组成内部控制评价工作组，具体实施内部控制评价工作。评价工作组应当吸收学校财务、纪检监察、人事、采购、国有资产、基建、科研管理和审计等内部相关机构熟悉情况的业务骨干参加。评价工作组成员对本部门的内部控制评价工作应当实行回避制度，并注意保持与内部控制设计工作组的不相容性。

（3）组织内部测评

尽管学校校级党政领导都有明确的职责分工，责任重大、工作繁忙。但是，学校校级管理层是学校内部控制有效性的最终责任者。高等教育体制的改革,使高校的办学自主权增大,国家对教育经费的投入也在不断增多,为此,学校校级管理层可以通过设立专门的机构来全面负责学校的内部监督工作,这也是内部监督体系能够发挥作用的基本保证。目前,许多高校已经针对内部控制,成立了专门的内部控制委员会。对于高等学校而言,设立财经委员会对全校的资金、资产进行全面管理,同时对学校内部控制进行设计、监督、评价,是十分可行的,也是十分必要的。

财经委员会负责确定学校内部控制体系,制定相关制度,并监督它的有效运转。学校内部审计机构作为监督、鉴证、审核高校经济活动的专门机构,独立地对学校内部控制进行客观评价,并将评价结果提交给校级管理层。财经委员会与内部审计机构对学校内部控制体系进行设计、监督、评价。外部审计可以有计划、有目的地对高校资金等方面进行审计,对内部控制进行审计、评价。

学校内部审计机构也可以委托中介机构对学校相关经济、管理活动进行审计。外部审计结果提交给学校校级管理层,学校内部的工会、职代会、学代会、教授会、纪检、监察等机构在履行监督职责时,对内部控制也负有一定的监督职责。教代会、工会、学代会是发挥校内师生民主监督作用的机构,在行使监督权时也对学校内部控制体系进行监督。教授会作为学校学术权力机构,对学校内部控制也具有监督作用。纪检、监察部门作为党委领导下的对党组织、党员、干部廉政情况进行监督、检查的部门,对学校各级干部、党员的经济活动监督的同时,也对学校内部控制进行了监督,成为高校内部控制体系中的又一个监督者。对于认定的内部控制缺陷,内部控制评价机构应当提出整改建议。

(4)编制评价报告

财务管理评价机构以汇总的评价结果和认定的内部控制缺陷为基础,综合财务管理整体情况,客观、公正、完整地编制内部控制评价报告,并提交学校负责人和内部控制归口管理部门,高校的内部控制归口管理及相关部门应根据评价报告及时进行整改。

5.财务人员管理与控制

为了提高校财务管理的效率、水平和精细化程度,要求高校财务部门加强财务人员队伍的建设与管理,以下对当前新形势下高校财务人员队伍管理给出几点合理建议。

（1）打破传统用人模式，选聘财务管理人才时扩大范围，增加渠道，改善财务人员队伍的知识及年龄结构要提高高校财务人员队伍的整体水平，就必须及时为队伍注入新鲜的血液。对外，高校在聘用或晋升人员时，应打破常规的陈旧模式，扩大招聘范围，拓展任用途径，招聘学历较高，拥有扎实的专业知识，又熟悉高校财务运行新环境，了解财务政策，同时有领导才能的人才来担任中高层财务管理人员。对内，应该提高现有员工的积极主动性，调整人员结构和工作内容，实行能者上、庸者下的晋升制度，为队伍去庸留贤。同时加大对外引进人才的力度，可以更加有效地激发内部人员的积极性。通过以上方式，高校财务部门可以逐步强化财务人员队伍的建设，提高财务人员的整体素质和财务管理水平。

（2）提高财务部门领导集体对强化队伍管理的重视程度，改进财务管理制度，加强高校财务人员队伍管理建设最根本的条件是领导的重视。要促进高校的发展，就要求各级领导从意识到行动上重视财务人员队伍管理工作，把财务人员的道德建设，素质建设纳入高校人才培养的计划中去。对财务人员队伍进行有针对性、分批次、多层次的继续教育及培训，完善财务人员的知识结构，提高其思想素质和业务水平。此外，高校应该改变原有的传统财务制度，根据学校规模与特色以及财务水平，选择合适的财务制度，这样更有利于财务人员各司其职，提高效率。

（3）建立健全奖惩制度，规范财务人员行为。由于财务人员对高校财务管理水平与业绩起到决定性作用，所以，提高高校财务管理水平的关键环节就在于提高财务人员的基本素质和业务水平。要提高财务人员水平就需要通过完善的奖惩制度来规范员工的行为，促进其提高自身水平。另外，需要建立完善的考核机制，定期对财务人员的业务水平、专业技能、工作效率等进行考核与评定。

（4）科学合理地规划队伍工作分工，根据不同工作内容确定适合工作岗位。高校财务管理评价机构应当根据批准的评价方案，组成内部控制评价工作组，具体实施内部控制评价工作。评价工作组应当吸收高校财务、纪检监察、人事、采购、国有资产、基建、科研管理和审计等内部相关机构熟悉情况的业务骨干参加。评价工作组成员对本部门的内部控制评价工作应当实行回避制度，并注意保持与内部控制设计工作组的不相容性。

二、新时期高校审计发展现状

随着我国国民经济快速发展,政府机构深入改革、职能转变以及现代企业制度的建立,现代管理对内部审计提出了新的更高要求,高校对内部审计的需求越来越强烈,内部审计的职能定位日益成为不可回避的问题。但是,高校内部机构改革,使内审机构受到了较大冲击,不少内审机构在这次机构改革过程中非合即撤,即便保持独立建制,仍然没有改变其尴尬地位。单纯强调审计的监督职能,很难适应高校管理体制改革的发展趋势,也很难满足学校教学、科研、后勤服务保障等的需要,因此,高校内审从单一的监督评价职能向管理、服务等多职能方向发展,成为内部审计机制改革的一个契机。

(一)目前高校内部审计现状

我国高校内部审计工作的开展已有 20 余年,从目前我国高校内部审计的基本情况来看,内部审计工作主要存在以下问题。

1. 高校财务风险日益凸显,防范和化解风险成为高校审计的新任务

某些高校由于规模扩张、教学设备升级更新、校园扩建等产生资金需求,一些金融机构向高校提供有偿借款,需要按贷款合同规定的时间、方式,以货币或实物形式偿还本息,因此高校产生了贷款债务。高校财务风险主要表现为两类。

一是负债风险。随着高等教育体制的改革,高等高校资金渠道呈现出多元化,资金管理的难度加大,对资金管理监控难度也随之提高。伴随着高等教育体制改革的不断深化,高校的会计环境发生了巨大变化,原有的收付实现制已经不能真实全面地反映高校的资产和运营状况,权责发生制更能准确地反映出高校所享有的经济权利和所承担的经济责任。严格往来款项内部控制。对于应缴款项、应付及暂存等其他债务往来资金,应依据会计制度的要求,按规定程序办理债务业务的申请手续并及时入账,要严格审定资金的来源、用途及核算范围。代管款项核算内容是高校接受委托代为管理的各类款项,该款项的所有权、使用权均不属于高校,而是属于其他单位或团体,性质上讲是高校的对

外负债。

二是投资风险,主要是对外出借资金、投资、兴办校属产业形成损失的可能性。随着高等教育的发展,部分高校在扩招增加学费收入的过程中拥有了较大数量的闲置资金。但在实际操作中,由于内部管理不严格,没有经过科学分析、集体讨论、逐级审批的程序,资金使用的随意性很大,而在投资形成后,往往又疏于监督管理,投资风险逐渐显现,而且不排除少数人权力膨胀,盲目决策、挥霍浪费、中饱私囊现象的发生。在对 2004 年度全国 18 所部属院校的审计中,我们就查出了高校以联合办学名义出借资金无法收回、巨额的委托理财资金面临损失、校办企业管理混乱和家底不清等问题。特别是对于校办产业,多数高校以事业管理的模式经营,对其事权、财权及经济责任都未作明确划分,而且相当数量的校办企业存在着财会制度不健全、管理人员素质低下、缺乏有效审计监督的问题。校办产业面对市场、自主经营、抵御风险的能力很差,其经营产生的风险实际上是由高校来承担的,一旦校办企业破产清算,学校要承担投资份额内的校办企业损失,因而会对学校财务造成影响,形成学校的投资风险。

2. 高校管理不完善,加大了审计监督的难度和复杂程度

管理问题是继投资风险问题后摆在高校审计面前的又一新课题,其中的热点和焦点主要表现在以下三个方面。

一是财务管理体制不顺。在我们审计的许多高校中,其财务管理的突出问题在于"家底不清",即财务决算缺乏完整性,不能反映学校的整体情况。审计发现有的学校有高达三分之一的资产游离在外,如,成教学院、后勤集团等都没有纳入学校财务统一管理。按照有关制度规定,这些单位如确因管理需要,可单独设账,但必须作为学校的二级财务单位管理,资产等必须体现在一级财务核算的报表中。高校财务管理的问题还表现在"管理不严"上,重核算轻管理,重实务轻制度,重结果轻过程。如,为了调动系、院的积极性,高校出台了很多收入分成的优惠政策,但没有注重管理,"小金库"一类的问题一再发生。而在高校中,不同程度存在的预算管理不规范、挤占挪用专项资金、资产管理不严、投资决策失误等问题也均表明,当前高校在财务管理方面的确存在着不少急需改进的地方。此外,"核算不准"也是财务管理体制不顺的重要表现,主要是现行高校财务不能准确核算教育成本。高等教育收

费实质上只是对高等教育服务耗费的一种经济补偿,而补偿的衡量尺度是高等教育成本。但由于现在我国的高校过于强调规模和扩张,已演变成了一个拥有众多管理内容的综合性实体,其每年的支出总额已远远超出了教育成本的内容范畴,而各高校又均未建立科学的标准和体系核算高等教育成本,无法提供关于高等教育成本耗费的准确信息,不利于高等学校提高成本管理水平,从根本上扼制乱收费的现象。

二是下属单位管理不力。高校除了有下属院、系外,还有校办企业、后勤服务集团、二级学院等各种不同类型的下属单位,俨然成为拥有众多"子公司"的"集团公司"。下属管理单位存在的问题相对较多,如,院、系自行创收设立"小金库",后勤服务集团单独核算收支管理,没有任何部门参与控制,校办企业效益低下等。而独立学院存在的问题更值得研究。主要是申办高校和合作方责、权、利关系不够明晰,可以说,独立学院有公办大学之名,少公办大学之实,有民办大学的筹资渠道,缺民办大学的监管机制。少数独立学院办学条件较差,办学质量存在严重问题,校园建设和教学设施未能达到教育部要求,仅靠申办高校的校誉、优质教学资源等在内的无形资产招揽生源;少数独立学院违规招生和收费,甚至委托中介机构招生,向考生高收费,破坏了国家招生制度,在社会上造成了恶劣的影响,严重损害了申办高校的声誉。

三是内部控制制度不健全。目前,高校内部控制制度不健全突出表现在:(1)未建立有效的牵制机制。我们在高校查出的违法案件中,贪污、挪用的犯罪行为占了大多数,这些问题的防范和发现都不难,关键在于许多高校都没有建立严格的牵制机制,各岗位、各部门之间不能做到互相制约、互相监督。(2)未建立有效的民主决策机制。在审计发现的重大投资失误、巨额资金被骗等问题的背后,往往是个人拍板、暗箱操作等非民主决策的行为。民主决策机制的缺失,会使一些别有用心的人得以成功地转移资产、侵吞资金、营私舞弊。(3)内控制度零散不成体系。相当数量的高校内部控制仅仅只表现为松散的会计控制制度,还远远未渗透到校管理部门和院、系教育部门以及校产、学研、后勤等部门和具体岗位。这也是为什么审计人员感觉"越是基层越乱"的原因。

四是没有切实贯彻权责对等的原则。对职务、职责和权力没有形成明确的规范,特别是高层管理人员行使的权力远远大于其承担的责任,内控制度对权力制约的有效性不足,经常会出现高层管理人员的"例外原则"。

3. 高校运行效益成为社会各方关注的热点,高等教育效益审计势在必行

目前,我国已经逐步形成了大学教育经费的九大来源途径,即财(财政拨款)、费(学费)、产(校办产业)、社(社会捐赠)、基(教育基金)、税(教育税附加)、科(科研经费)、贷(贷款)、息(融资收入),资金来源渠道呈多元化。同时,高校是以育人为目的的非营利机构,其出资人,如拨款人(国家)、捐款人,甚至受教者(学费缴纳人)不追求利润最大化,他们要求的是高校的管理效益最大化,在让一定数量人群接受高等教育的情况下,保证高等教育的质量和效益,这也是高校审计最关注的内容。目前高校管理中仍存在效益低下的状况,突出表现在以下几方面。

一是教育成本结构不合理。国家投入高等教育中的资源是有限的,但其中又有许多没有花在教学与科研上,甚至花在与教学、科研无必然关系的方面,造成了不必要的浪费。首先,大量的教育经费被用于基建项目,超大规模地扩建校园;其次,高校行政和后勤的运行成本过高,成为高校可持续发展的沉重包袱;最后,在高等学校的成本结构中,也存在投资"重物不重人""重官不重学"的失调现象。这种教育成本的结构必然造成成本上的惊人浪费和效益的低下。

二是资产的隐性流失严重。由于我国高校管理体制存在的缺陷,再加上认识上的原因,造成了当前高等院校资产的大量闲置和流失,主要表现为:(1)由于对仪器设备或其他资产配置一味坚持超前,脱离了高等学校教学与科研的实际,结果导致高能低用、高价低效,造成了资源浪费;(2)由于缺乏有效的资产管理和有偿使用制度,高校与校办产业的产权归属界限不清,校办企业大量无偿占用学校的房产、设备;(3)由于后勤服务中心等原来属于非经营性的内部单位在实际上逐步变成了经营性单位,对于这部分单位所使用和占用的资产却不计成本,不提折旧,没有按照经营性单位的资产管理办法进行管理,擅自将非经营性资产转化为经营性资产,成了资产流失的又一个途径。不能保证资产的安全,是管理效益低下的突出表现。

(二)高校审计的发展方向

在国家是高校投资主体,国家财政划拨资金是高校资金主要来源

的状况下,高校审计应该纳入财政效益审计的大范畴来分析问题、解决问题。监督和评价高校使用财政资金发展高等教育的现状和潜力,将是高校审计的目标,关注效益将是高校审计发展的必然方向。

1.实现高校审计从财务收支审计向管理审计的转变

在很长的时间里,高校审计主要是围绕财务收支的真实性、合法性审计,以查错纠弊为主要目标。但实践证明,"围绕财务合规、就事论事审核、个案查处问题、收缴违纪款项"这一基本定式,在高等教育迅速发展、高校大规模扩招、资产规模迅速膨胀、内部管理体制相对薄弱的情况下,既难以全面履行法定职责,更不能适应形势发展的要求。高校审计要深入分析高校运行状况、现行经济环境下存在的新问题和潜在的风险,对高校的组织结构、内部管理控制制度、人力和物力的利用情况、资金的使用效益和高等教育的社会效益进行综合性和建设性检查,从推动教育资源合理配置等方面提出合理化建议,以维护科教兴国战略,促进教育公平,真正实现"摸家底、揭问题、强管理、促改革"的审计目标,实现高校审计由财务收支审计向管理审计的转变。

高校管理审计的重点是关注两个方面的"效益":一是经济效益。审计关注的经济效益至少包括三个方面:第一,维护包括国家财政资金在内的各项教育经费不被侵蚀,维护财政资金和公共性资金的安全使用,评价各项教育经费的投入和产出效益;第二,针对高校资产规模迅速膨胀、各项贷款金额大的现状,关注资金的使用,有效防范高校财务风险,避免因管理失控而造成国家资金重大的损失和浪费,防止国有资产流失;第三,关注高校投资效益,重点是对投资决策权加强监督,检查决策是否科学,重大决策是否进行了广泛的调查研究,充分听取广大群众和专家的意见,集思广益,实现决策的科学化和民主化,防止决策的随意性,杜绝由高校领导人凭经验拍脑袋的决策方法,有效防范和化解高校的投资风险。二是社会效益。随着政治民主化的进程,社会公众对高等教育的知情权要求也会增加,特别是高校收费标准和依据、收取费用的使用情况越来越要求公开,而且高校收费涉及千家万户,社会影响极大,因此,高校审计始终要把查处高校乱收费作为一个重要内容。随着高校二级学院的兴起,严肃查处二级学院超规模招生和乱收费应成为国家审计的重要职责,这也是构建和谐社会,实现高等教育可持续发展的必然要求。

2. 审计重点从偏重微观到放眼宏观的转变

实现审计内容从高校本部单纯的财务收支,向包括二级学院和校办产业在内的高校集团财务、管理和效益的转变,审计重点从偏重微观到放眼宏观的转变。只对高校本部财务收支进行审计已不适应高校教育改革的迅猛发展,必须根据高校审计环境的变化,对审计内容和重点适时作出调整。将审计范围扩大到高校本部、二级学院、校办产业及占控股地位的联营高校;审计内容由财务收支扩大到高校管理和投资效益,审计重点由对某一具体问题的查处发展到分析评价高校管理制度制定的教育政策和措施及其发展方向,特别是对二级单位和二级学院存在的问题要从体制和管理上分析原因,提出有针对性的解决意见和建议,审计领域不再局限于财务收支,而是对被审计高校集团的整体状况作全面评价。通过审计促进高校强化制度建设,加强内控,改善管理效率,堵塞权力腐败的漏洞,实现监督与服务的双重职能。

3. 实现监管方式从单一监督到立体多元监督的转变

建立监管信息的共享机制。高校的监督主体具有多元化特性,要以教育、财政、国家审计等部门为主,内部审计和纪检监察为配合,社会审计作补充,各司其职,按照监督领域和重点进行分工。为了保证高等教育发展的总体目标实现,提高工作效率,节约监管成本,形成监管合力,国家审计不应孤军奋战,而要充分运用其他种类的监管资源,实现全方位、多层次、多角度的监督。今后应尽快建立沟通协调机制、重大问题联查机制、信息共享机制,实现监管资源的有效整合。国家审计要充分利用社会审计资源,通过下列三条措施来保证审计质量:一是实行招标制度,择优选聘信誉好、素质高的事务所承办审计事项;二是制定风险控制措施,责、权、利要相统一,如扣留一定数额的质量风险基金,审计后出了问题可以索赔或抵扣;三是建立质量监管办法,提出质量要求,建立复核制度。让社会审计在国家审计监督下开展工作,成为国家审计和内部审计的有益补充。需要特别指出的是,要突出社会舆论监督的重要地位,在高校审计中要积极推行审计公告制度,提高高等教育的透明度和公开性,以民主监督来推动高校管理的进步。

4. 实现审计技术方法从简单落后到先进多样的转变

推动审计手段的现代化,在高校迅速发展的今天,传统的对会计资料的详细检查已无法适应审计工作的需要,在高校审计中,一是应逐步引入风险基础审计理论,通过对高校内部控制制度的分析测试,找出控制的薄弱环节,分析可能出现的各种风险,特别是对高校的财务风险和投资风险要加强监控和测算,避免高校因过度举债而陷入困境;二是事后审计逐步转向事中、事后审计相结合,并向适时审计方向发展,对高校重大的投资决策、重大项目资金的使用进行全过程监督;三是逐步应用计算机审计技术。通过对高校财务信息系统、资金信息系统和管理信息系统的了解测试,将审计所需的数据进行转换,然后通过计算机,对大量的财务数据和业务数据进行对比分析,帮助审计人员发现审计线索和确定审计重点,从而提高审计工作效率。

第二章

高校财务管理基本内容

财务管理是高校经济管理工作的核心,是高校健康可持续发展的保障,财务管理体制则是制约财务管理能否发挥核心作用的瓶颈。高校财务管理的基本内容是在实现高校财务管理目标的过程中,对经济活动内容所实施的管理。高校财务管理内容包括资金筹集、分配、使用的管理,涉及预算、实施、决策、控制、分析、监督、管理等环节。财务管理原则贯穿在财务管理的整个过程中。

第一节

高校财务预算管理

　　随着现代社会的发展及科技的进步,全球竞争已经到了白热化的阶段,在这种背景下,国内不只是企业、事业单位被卷入了这种激烈的你争我赶之中,连各大高校也在教学目标、管理水平、人才培养等方面展开了激烈的竞争。想要在竞争中脱颖而出,切实提升高校财务管理水平和服务质量,高校必须采取各种措施去改进当前的财务管理体制机制,剔除不符合当前全球市场经济和知识经济发展需求的部分,使旧的财务管理体制焕发出新的活力。而高校提升财务管理水平的关键在于提高资金的使用效益,加强财务预算管理。

　　所谓高校财务预算,指的是高校定期编制的年度财务收支计划,这份收支计划建立在高校年度事业发展规划和具体工作计划的基础上,反映的是年度内高校资金来源及使用的方向,包括对年度内资金收支规模的预算等。高校财务预算包括收入预算、支出预算这两部分,它在整个高校财务管理机制中占据着极其重要的位置。高校资金等各种资源都是有限的,而财务预算管理不仅能合理配置这些资源,让有限资源发挥出最大的作用,还能改良资金分配流程,使其更加科学合理。

　　在高校整个管理工作中,财务管理工作发挥着独一无二的作用。高校相关人员在进行财务管理的时候,除了要对高校资金进行具体的核算、严格的监督和考核外,还要通过各种渠道为高校筹集资金,并将筹集来的资金进行合理配置。更值得注意的是,高校做好财务管理工作,对其教学科研内涵及外延建设、发展都能起到积极作用。在20世纪末经历了规模较大的扩招后,我国高等教育已逐步实现了大众化。各大高校发展过程中,虽然办学规模不断扩大、经济活动也日益频繁,但很多问题也逐渐凸显出来,比如,高校经费供求矛盾越发突出,高校财务工作的开展因此困难重重。这种情况下,越来越多的学者及专业人士展开了对高校财务管理问题研究,而这对于我国教育事业的建设及人才培养都有着非凡的意义,也能促进高校快速、稳定地发展。高校本身也要自主改革自身的财务管理体制,加强创新、健全制度,以适应现今社会财务管理精细化的需要。

一、高校预算管理的分类

根据不同的标准,高校预算可以划分为不同的种类。

(一)根据管理级次划分

高校预算按管理级次划分,包括校级预算和二级单位预算,校级预算是学校层面的预算,由学校财务部门汇总各二级单位预算后综合编制而成的;二级单位预算是高校预算的基础,它是由各部处、各学院等二级单位自行编制而成的。

(二)根据使用者划分

高校预算按使用者划分,包括部门预算和校内预算。为了与政府部门预算编制一致和便于学校内部分级管理,高校需要编制两类金额一样但用途不一样的预算。一类是上报财政部门的“部门预算”,侧重于财政拨款收入细化预算,使用者是政府部门;另一类是校内预算即财务收支计划,是高校根据下达的部门预算而编制的,侧重于高校内部支出分配细化预算,校内预算使用者是高校领导和校内各部门。

单位预算是指列入政府部门预算的国家机关、社会团体和其他单位的收支预算。而政府部门预算则是指预算编制以政府的各个部门为单位,一个部门的各项财政资金均统一反映在该部门的年度预算之中,以增强预算的规范性、科学性、合理性。高校财政补助拨款收入属于财政教育支出的一部分,因此高校预算是政府教育主管部门预算的组成部分,属于部门预算中的单位预算。

内部分级预算,是根据高校内部发展规划和年度工作计划,按政府财政部门预算批复的单位预算年度收支总额编制的,适用于高校内部分级管理的收支计划。

部门预算和高校内部分级预算收支总额应该保持一致,财政拨款类项目明细预算保持不变,公用经费支出明细预算可能会有所变化,主要体现在内部分级预算因实行分级管理的需要,更加细化和具体。

二、高校预算管理的目标

随着预算管理理论的不断发展,预算管理的实践也得到进一步的深化和完善,当前高校预算管理的目标主要有以下几方面。

(一)预算管理体系控制目标

建立健全预算管理体制,明确各相关部门的职责权限,制订和完善预决算管理各项规章制度。建立科学的预算管理运行机制,明确预算业务各环节的工作流程、工作要求、审批权限和责任划分。合理设置预算管理岗位,明确相关岗位的职责权限,确保预算业务各环节不相容岗位的分离。

(二)预算编制控制目标

确保预算编制过程中学校内部充分沟通协调,流程设置合理顺畅,公开透明。确保预算编制与学校年度工作计划和事业发展战略规划的匹配性和一致性。保证学校年度预算编制科学、准确、合规、合理、及时、完整。统筹兼顾,保障重点,妥善安排各项资金需求,力争收支平衡。

(三)预算审批控制目标

确保预算审批流程设置科学,各个环节的审批要求和时限明确。校内各个审批主体职责明确,分工合理,认真负责。经批复后的预算指标分解细化,下达及时,不得影响各二级单位的预算执行。

(四)预算执行控制目标

预算执行主体明确,责任清晰,资金使用审批权限明确。确保预算严格按照批复的要求执行,杜绝无预算或超预算执行。预算执行严格按照规定的审批流程进行,严禁违规使用资金。加快预算执行进度,力争达到预期的预算目标。

(五)预算调整控制目标

严格审核预算调整事项的必要性和可行性,没有特殊情况不得随意提出预算调整。严格预算调整程序,保证调整程序合法合规,严禁未经批准擅自调整预算。明确预算调整审批权限,确保审批符合规定。

(六)决算控制目标

资金决算管理是高校账务管理的主要组成部分,是高校依据原始的生产经营数据与长期战略规划的具体需要,综合企业运营现状,对高校资金保用情况进行合理考核、实时监控和事前预估。其不仅是对高校其他预算项目的机械整理和汇总,而且是作为统筹规划和平衡高校资金收支的管理活动,实时反映高校在生产经营过程当中的资金现状。确保高校实现对年度决算报告编制的真实、完整、及时、准确,能够真实反映学校的财务状况和收支情况。

(七)绩效评价控制目标

绩效考评控制是指高校通过考核评价的形式规范各级管理者及项目的经济目标和经济行为。它强调的是控制目标而不是控制过程,只要各级管理目标实现,则企业战略目标就得以实现。明确校内预算绩效评价牵头单位,制定绩效评价方法和指标,科学合理地开展评价工作。及时反馈评价结果,重视绩效评价结果运用,建立奖惩机制,落实奖惩责任。

绩效考评系统主要包括考评指标和考评程序的制定、考评方法的选择、考评结果的分析和纠正偏差与奖励措施等关键环节。绩效考评控制系统从考评对象来分,应分为经营者绩效考评控制和教职工绩效考评控制两大系统。

三、高校预算管理的基本原则

对于公立高校而言,国家拨款是其主要的经费来源,包括中央财政拨款和地方财政拨款。国家对高校实行核定收支、定额或定向补助、超支不补、结转和结余按规定使用的预算管理办法。这种预算管理办法具体来说,国家一方面通过设定生均拨款标准、核定在校学生人数向学校提供基本拨款,另一方面通过设置各类专项资金向高校提供定向拨款。对于高校超支部分国家不再补充,结转和结余资金按照国家相关规定使用。

因此,高校预算编制应当遵循"量入为出、收支平衡"的原则,不得编制赤字预算。收入预算应当积极稳妥,高校凡是应当纳入预算的各项收入都要纳入预算;支出预算编制应当统筹兼顾各类资金,重点保证人员支出和运行支出,资金投向尽可能向教学和科研倾斜,另外还要坚持勤俭节约的原则,大力压缩"三公"经费和一般性公务支出。

四、当前高校预算管理存在的问题及其原因分析

在现阶段,国内一些高校对预算管理能够发挥的作用认识得不够清晰,高校内部的预算运行机制陈旧落后,预算财务质量低下,这些问题严重阻碍了高校的健康发展及教学目标的实现。综合而论,我国高校在财务预算管理方面存在的问题主要体现在以下几个方面。

(一)预算编制不严谨,缺乏全局调控机制

国内部分高校在进行预算编制的时候,总会出现一些问题,总结

如下。

首先,预算编制中的资金来源模糊,信息涵盖不完整。国内部分高校筹措资金的方式常见的有去银行贷款、借助咨询服务等,另外,绝大部分高校都有政府财政部门专门拨款进行扶持。而在进行预算编制时,一般工作人员只会考虑到政府财政拨款的资金来源数额,这使得预算编制中的部分资料填写不完整,这也会对后续工作产生一些负面影响。

其次,高校预算编制的数据与实际相比存在一定的误差。有的工作人员在进行预算编制的时候会直接照搬往年的预算数据,却不考虑现实情况,其实,年度项目在具体实施的过程中一定会发生变化,而往年的数据是很难体现出这种变化的。

再次,高校财务预算的追加程序不够严谨。国内很多高校在进行预算编制的时候,若想要追加某个项目的预算,只需预算申报人填好单据,向上级申请,然后由领导批复即可,这样的程序是不够严谨的,过于简单就会埋下后患。

国内部分高校在进行预算控制的时候,总会出现一些问题,总结如下。

首先,部分高校在进行财务预算管理的时候,控制力度不达标。高校有关部门在编制预算报表时对预算数据的核查不过关,而且在判断应该开展哪些项目时带着浓厚的主观色彩,却不去进行相应的考察工作。这导致预算审批后,有限的资金无法平衡分配于各个项目,经常性的"厚此薄彼",而对于这种现象,高校并没有充分认识到其危害,也就没有第一时间加以控制和整改,这使得预算的效果越来越不理想。

其次,部分高校的财务报销程序较为混乱。高校在财务预算编制的过程中,主要会对金额大小、时间节点、项目完成程度、预期效果等进行预估。然而,有些高校在进行财务报销的时候,为了图方便,会将一整年的预算费用集中在一起报销,这种混乱的报销程序只会拖累整个预算管理的效果。

(二)预算执行不严格,缺乏强制约束机制

国内部分高校在进行预算执行的时候,总会出现一些问题,总结如下。

首先,高校财务预算的执行结果差强人意。部分高校因为在预算

编制的过程中总会出现各种各样的问题,信息、数据与现实相差甚远,这让预算执行的结果也会产生特别大的偏差。比如,有的项目申报人预估的项目金额严重不足,这导致项目行进过程中频频出现资金紧张的问题,项目进度也一再被延迟;有的项目申报人则相反,申报的项目金额远远超出实际需要,这样一来,项目结束后,总有大量资金剩余。如果预算编制人员继续凭着主观意识去填报预算信息,而不去积极了解学校的整体发展规划包括年度项目的发展目标,上述这些现象只会变得越来越严重,预算执行的效果也会越来越差。

其次,在具体执行的过程中,相关高校财务预算人员没有进行严格的把控。相关人员在预算编制完成后,会将整理好的指标、数据下达各个部门,再由不同的岗位人员负责不同的领域,去具体实施。然而,在实施过程中,执行的力度往往是不够的。

高校在"重心下移,责权下放"的财务管理体制下,"重编制,轻执行,无考评,缺奖惩"的现象较为突出。无论是高校省级部门预算还是校级综合财务预算,相关主管部门如省财政厅、教育厅(对省级部门预算)和学校财务部门(对校级预算)只管按批准的年度预算分期分批下达经费额度,按"经费是否有余额,报销票据是否合法,报销手续是否完备"等的规定审核报销每笔经费支付(即以简单的经费超支来控制预算执行),至于该项经费支付是否真实,是否合理,是否有效益,都是由各责任部门(业务经办部门)说了算。现在大家普遍认为既然钱已到账,就是自己的,如何用,什么时候用,用在什么地方则是责任部门自己决定。就比如高校学科建设经费中经常报销餐费、食品费、出租车费、游山玩水门票费等,只要学科建设负责人签字同意就可以随时报销,这些费用在学科建设上是否必要没有任何部门评价。同时某一预算项目经费用完了,责任部门(主要是校级预算)就可以写申请,要么调整预算,要么追加预算,至于原来安排的预算经费执行合不合理,科不科学,有不有效,则无人问津。由于高校预算执行不严格,管理手段不强硬,管理措施不到位,控制机制不健全、不严格,导致预算执行责任部门随意扩大开支范围,巧立各种理由和名目发放加班补贴、误餐补贴、值班补贴、坐班补贴、风险补贴、卫生补贴、电话补贴、管理奖、教学奖、质量奖、责任奖、考勤奖等;随意改变资金的用途,"专款不专用,混用拉用挪用"现象非常普遍。这使得高校处在了"向上管要钱,向下任花钱"的窘迫境地,无法严格执行预算,加上预算安排不科学不切实际,导致预算执行缺乏强硬约束机制,预算执行效果并不理想。

(三)预算考核不存在,缺乏评价奖惩机制

高校履行的是公共性、公益性的社会职责,其预算资金支出的效率和效益在发生当年是很难评价,也无法准确评价。比如云南某大学培养一个硕士生,按现在的学生人均定额标准财政拨款三年至少安排 7.2 万元,加上三年学费 2.1 万元,不考虑其他经费预算,总共 9 万元之多。该生毕业留校工作两年后,为和本校工作的一个博士生争追本校一美女教师而冲动之下刺死了自己的情敌,导致自己锒铛入狱,如何评价这 9 万多元的支出? 如果这个硕士生留校后不犯这样愚蠢的错误而是自己刻苦努力成了一个知名学者,成了社科院院士,那又如何评价这 9 万多元的支出?

高校要进行正常的教学、科研活动,花钱是必需的,那花钱是否有效益呢,如何评价,由谁评价,目前高校缺乏的就是这样一个预算考评奖惩机制。高校履行的是公共性、公益性的社会职责,其预算资金支出的效率和效益在发生当年是很难评价,也无法准确评价。

五、高校预算业务控制的具体措施

凡事预则立,不预则废。省级部门预算或校内综合财务预算对于国内高校来说意义重大,它可能预示着高校那一时间段的工作核心及规划重点,也可能预示着高校的最终发展方向。预算编制报表里有着一串串数字,这些数字彰显了一切,它决定哪些项目比较重大,需要投入更多资金,并立即执行;哪些项目没那么重要,可以投入较少资金并适当延后。高校想要提高财务管理水平,首先要去强化预算管理,严格控制支出。

(一)完善高校预算控制的组织机构

高校的预算控制是一个复杂的系统工程,它需要有分工合理和职责明确的组织机构设置,涉及预算编制机构、咨询机构、决策机构、执行

机构、绩效评价机构、监督机构。高校应当根据国家预算法规和上级有关政策要求,结合学校实际情况,制定和完善预算管理制度,应当包括预算编制、预算审批、预算执行、预算调整、决算、绩效评价等内容,确保整个预算管理流程都依法依规进行。高校应当制定一套规范合理和顺畅的预算业务控制运行机制,并严格按照规定的流程和权限执行。

财务预算管理起着引领高校发展方向的作用。通过将高校的资金流与实物流、信息流相整合优化了高校的资源配置,提高了资金的使用效率。但是高校全面预算能否真正发挥作用,影响因素很多,其中十分关键的一点,是高校领导层和管理层的思想认识、重视程度和带头作用。

高校领导层和管理层必须充分认识到高校全面预算对高校教学科研管理的关键作用,校长、书记、财务总监要亲自抓,负总责,成立精干领导班子,制定实施计划,明确目标,落实责任,加强监督,确保认识到位、组织到位、人员到位、工作到位,让高校全体教职员工从根本上认识和接受高校强化全面预算是保证教学科研活动正常进行的关键,是高校提高资金使用效益的支柱,树立较强的自我控制观念,并通过不断进行培训、教育、竞赛、奖惩等强化手段,让全体教职员工掌握学校全面预算职责是什么,全面预算绩效是如何评价和考核的,以及评价过程中的绩效标准是什么,才能从根本上使全体教职员工从思想上、行动上产生严格遵守和执行高校全面预算,最大限度地发挥全面预算在学校教学科研活动中的积极性。

第一,加强预算部门的责任意识,细化编制工作。预算编制工作是一项大工程,马虎不得,每个部门乃至每个岗位人员都要做好自己分内的工作,努力尽好部门职责、岗位职责,这样才能保证整个预算编制机制顺畅运转并顺利完成预期工作计划。为了充分调动报表人员的工作积极性,可以将编制工作一再细化,落实到个人头上,让每个人都明白自己的职责范围。

第二,改变预算编制方法,提高效率。部分高校在进行预算编制时,缺乏从全局出发的意识,而只是简单参考往年预算执行数据,稍作变化去填写当年的预算计划,这种敷衍的做法只会导致预算编制结果与实际发展方向背道而驰。这种预算编制方法可能会导致大量资金、人力、物力的浪费,需要进行优化。想要改进方法,提高效率,预算编制人员首先要及时跟进高校的整体战略布局。激烈的市场竞争下,高校每年都会适度调整教学目标和发展规划,如果预算编制人员不及时跟进,不宏观考虑预算年度的业务具体事宜,就很难有针对性地做出科学的、契合实际的预估数额。预算编制报表如果偏离了预算年度的发展规划,提高资金使用效率、优化资金配置的目标也就成了一纸空谈。

(二)把握好高校预算编制的依据和原则

高校预算编制环节是高校预算管理的起点,预算业务控制就是要保证年度预算编制依据合理、程序规范、要求明确、方法科学、内容完整、数据准确,保障学校收支平衡,妥善安排各项资金需求,确保学校年度工作计划和事业发展战略规划的实现。

以财政拨款为收入来源主体的高校应该严格执行国家预算法规、财政部相关预算编制的政策要求、上级教育主管部门的工作要求以及高校制定的预算管理办法,确保预算编制合法合规。高校千万不能忽视国家整体经济形势的变化,更要时刻关注政府财政增长的状况,唯有彻底掌握这些信息,才能做好高校财政的三年滚动预算和五年规划,而年度收入预算编制报表上的数据也就越发翔实、准确。每年的预算编制应以高校整体的事业发展规划及该年度的工作计划为基础,确定重点业务和项目,预算每项支出都要与具体的工作计划相对应,避免出入。预算编制过程中,具体的工作人员要牢记"量入为出、收支平衡"的八字方针,每一个环节都要注意统筹兼顾、保证重点、厉行节约,不得编制赤字预算。

(三)明确预算编制的各项要求

高校建立财务管理体制需要遵循"统一领导,分级管理"的原则,高校的财务预算编制工作包含了学校和下属院(系)两个层面,这两个层面应当上下结合、分级编制、逐级汇总,明确每个层面在预算编制中的职责分工,最后由财务部门综合平衡,编制出学校的预算草案。强调预算编制的时限要求,高校预算编制从启动到批准下达有严格的时限要求,否则将会影响预算的执行,因此预算编制的各个环节必须严格按照规定的时间完成,不得随意拖延。

建立科学的预算编制方法,一是合理设置预算目标及指标,高校根据事业发展规划和年度工作计划设定预算将要达到的目标,借鉴财务管理目标来设置预算绩效考核指标,这是做好预算编制的前提。二是高校结合上一年度预算执行的评价结果,采用"基数 + 适度增长 + 绩效修正"的编制方式,科学合理地确定各单位、各项目的预算额度。[①] 三是要建立论证机制,对于基本建设、大型维修、大额物资采购等重大事项,应当组织相关部门和专家对项目的必要性、可行性、预算金额的合理性等内容进行科学论证。

(四)健全预算审批环节的控制措施

健全预算审批机制,由于高校预算实行两级管理,涉及多个预算审批机构,包括二级学院的党政联席会、职能部处的处务会、财务处、教代会、学校预算委员会或财经领导小组、校长办公会、党委常委会等,这些机构分别履行各自的审批职责,从低到高,逐级审批,层层把关,形成了完整的高校预算审批机制。在此过程中发扬民主、充分讨论、集思广益,民主理财、全员参与,确保预算审批环节严谨可靠。[②]

明确预算审批权限,高校预算审批环节涉及校内多个部门和机构,每个机构在其中的权限是什么,应当承担怎样的审批责任,必须加以明确。比如,高校二级单位领导班子负责该部门预算的审批,财务处负责学校预算的初步审核,教代会负责预算听证,学校预算委员会或财经工作领导小组负责预算审议提出修改意见。校长办公会和党委常委会负责审定预算。通过明确各自的审批权限,就可以解决部门间权限重合或责任缺位问题,从而避免审批风险。

规范预算审批程序,高校应当按照内部控制的要求,规范审批流程,明确审批流程中的先后顺序、审批时限要求等。具体包括,校内各二级单位提出预算需求,报到财务处进行初审和汇总编制,财务处提出学校预算草案,征求教代会意见后,提交学校预算委员会或财经领导小组负责预算审议,再次修改后提交校长办公会审议,最后由党委常委会审定通过后,下达预算到各二级单位执行。

---

① 刘罡 . 高校财务内部控制实务 [M]. 北京:中国农业大学出版社,2018.

② 刘罡 . 高校财务内部控制实务 [M]. 北京:中国农业大学出版社,2018.

(五)严格预算执行环节的控制措施

高校为了最终达到预期的预算目标,需要严格执行环节的控制并尽量加快执行的进度,确保预算按照批复的要求执行,确保资金使用合法合规。

批复后,由财务部门细化高校的预算并将预算批复下达到各下属院(系),各下属院(系)执行预算需要严格参照批复,不得随意篡改与超支。严格预算执行环节的控制包括以下具体措施:一要明确责任,每个使用经费的单位就是责任主体,要对预算执行负有直接责任。二是资金使用严格按照预算要求的项目和内容开支,不得随意变动开支内容,也不得擅自扩大开支范围,提高开支标准。三是预算执行不得超出批准的额度,不得超预算开支,更不能在无预算安排情况下就发生支出,事后再补报预算。

强化资金支付审核把关,一是高校应当健全预算资金支付审批办法,明确资金审批权限,规范审核程序。二是做好资金支付前准备工作,做好资金使用计划和论证,规范填写资金支用单据,及时提出支付申请。三要加强审核把关,二级单位负责人要认真审核本单位的资金支付,并对其真实性、相关性和合法性负责;财务人员也要加强审核,确保资金支付符合预算要求,手续完整齐备。

第一,预算执行的结果要接受监督。以往高校相关部门在预算执行完成后鲜少有将各部门执行进度、效果进行对比分析的情况,这其实是不可取的。明智的做法是,在预算执行后,相关部门应该就执行结果进行具体的分析讨论,并将其公布,这可以让不同部门的执行人员对各自的预算执行情况了然于胸。如此一来,执行过程中好的方面和不好的方面都显露出来,执行人员可以针对不好的、不合规的地方进行讨论,总结原因,规避错误,这能极大地提高执行效率。而各部门之间通过横向比较后,也能互相吸取经验教训,这样整个执行质量都能得到大幅度的提升。

第二,提高相关预算执行人员的专业水平。近些年来,高校资金改变了过去单一来源的情况,变得越来越丰富多元,而具体的财务管理工作也随之变得复杂庞大,这要求相关财务人员的素质也要相应提高,否则很难适应这种变化。为了提高预算执行人员的专业水平,包括对项目费用的预判能力、预算执行能力等,高校要定期开展技能及素质培训课程,并组织大家积极参与。

第三,严格控制各项费用支出,杜绝资金浪费现象。执行预算方案的时候,相关执行人员要谨慎对待各项支出,必要情况下,要做相应的调查,直到确认各项支出费用都符合标准,不存在不规范的行为,数据也都准确翔实后才算审核完毕,否则不予审批报销。而且,在执行过程中,要避免资金浪费,尽可能地节约开支,并保证项目运行顺畅,最终圆满完成。

加快预算执行进度,高校的预算资金往往有执行进度方面的要求,特别是国库资金的执行要求更加严格,一般要求在年内执行完毕。高校应当高度重视预算执行工作,加强组织领导,落实执行责任。制定预算执行计划,按月分解用款额度,及时支付款项。建立预算执行的奖惩机制,加强结转结余资金管理,制定盘活财政存量资金政策,加快预算执行进度,提高预算执行质量。

(六)强化预算调整环节的控制措施

为了确保高校预算的严肃性,学校预算下达后一般不予调整。但在预算执行过程中,由于特定原因的存在,也会允许一定的预算调整的发生,这也是确保预算顺利进行的必要举措,但是要从严控制。因此,高校要明确预算调整发起的因素和条件,具体包括:校内机构调整或职能转变,国家政策发生变化,外部环境的影响制约,工作任务发生变动,市场价格或指出标准发生变化等客观因素导致确需调整预算的,方可提出预算调整的申请。[①]

高校应当建立健全预算调整的流程,严格按照有关规定履行相应的预算调整审批程序。当确需进行预算调整时,预算执行单位首先要提出预算调整的书面申请,报学校财务部门审核,财务部门同意后,根据预算调整的内容或金额,有的上报分管校领导审批,有的需要上报校长办公会、党委常委会决定,有的项目调整还需报上级主管部门审批。

(七)重视决算环节的控制措施

高校决算环节的控制目标是保证年度决算报告编制及时准确,编

---

① 刘罡.高校财务内部控制实务 [M].北京:中国农业大学出版社,2018.

制及审批程序明确有效,能够真实反映学校的财务状况和收支情况。

加强决算编制工作,一是高校应当建立健全决算管理制度,强化财务部门的决算编制责任以及相关部门的协助责任,明确各自的权限分工;明确决算编制的范围、内容和时限要求。二是确保决算编制准确完整,高校年终编制决算前,应当全面进行收入和支出核实、债权债务清理、对外投资核对、固定资产盘点、收入催缴及费用清算工作,这些工作应当明确专门的机构及人员负责,并在先定时限内完成,确保财务信息真实、全面、完整。三是财务部门认真编制决算草案,决算应当符合法律法规的要求,做到收支真实、数据准确、内容完整、报送及时,确保决算编报质量。[①]

高校应当加强决算审批工作,明确审批流程。决算草案编制完成后,财务部门应当进行内部会审,然后报送学校财经领导小组、校长办公会、党委常委会逐级审批,最后报送教育主管部门和财政部门审批;经批复后的决算及时归档保存。

高校应当加强对决算数据的分析,科学设置分析指标,分析的内容包括预算与决算之间的差异分析,不同年度间收入、支出、结余的变动情况,资金使用效益分析等。高校应当综合运用各种分析方法,对学校整体财务状况及校内各部门的财务收支进行横向与纵向比较,并对存在的问题提出改进建议,为来年预算安排及学校重大决策提供依据。

第一,建立健全高校财务预算管理制度。创建一套科学合理、符合实际需求的预算管理制度,制定好标准,才能加强高校财务预算管理的控制力度。高校财务预算管理制度的制定需要分三个环节来进行,即事前控制、事中控制和事后控制。如果事前控制、事中控制和事后控制做得好,那么无论问题发生在哪一阶段,都能及时、准确掐灭所有危险因素,迅速使不合规范的行为回到标准之内。这样一来,预算执行的最终结果将最大限度地靠近预算估值,而也被发挥得淋漓尽致。

第二,严格遵守费用报销审批程序。预算执行人员在报销相关费用之前,先要将报销审批的具体流程确认清楚,在具体报销的过程中严格遵守,避免出现逾规行为。而报销审批人员则应该认真对待每一张审批报销单,细心核对每一项数据,每一个信息,更要仔细核对报销名目,如果不与预算项目相对应,则说明这张报销单并不符合报销标准。

---

①　刘罡.高校财务内部控制实务 [M].北京:中国农业大学出版社,2018.

第三,借助信息化财务软件去提高效率。很多财务管理软件十分先进,相关部门工作人员可以引入这些信息化软件,去帮助查看各种烦琐的数据,及时了解预算执行的进度、费用支出情况及具体的报销额。更方便的是,运用这些软件能迅速调取往年的财务数据,这大大节约了预算执行人员的时间和精力,更提升了他们的工作效率。

(八)做好预算绩效评价环节的控制措施

高校预算绩效评价控制的目标可以用一句话来总结,即"预算编制有目标、预算执行有监控、预算完成有评价、评价结果有反馈、反馈结果有应用",它是一种全过程绩效管理机制。

为了创建起一套完美的预算绩效评价机制,各大高校首先应该要将预算绩效评价工作列为重点,明确零头牵头部门和岗位分工,让绩效的理念深入人心,同时制定绩效评价管理办法,确定工作流程和工作范围,建立绩效奖惩机制,扎实推进此项工作。

设置预算绩效评价目标是开展绩效评价工作的前提,它包括绩效内容、绩效指标和绩效标准。绩效目标在很大程度上受工作目标影响,前者能够具体清晰地反映出预算资金与预期产出的关系,具有可衡量、可实现的特点。绩效目标的设置应该与预算编制同时进行,并随预算批复同步下达,其反映内容既可以针对整体支出也可以针对单项支出。

绩效目标评价与考核需要注意如下两个方面。

第一,健全财务预算评价标准。首先要健全财务预算评价标准,然后严格依照标准对财务相关部门进行监督和评价,将评价的结果登记,纳入绩效考核,使其成为绩效考核的一个重要环节。根据考核结果,对考核目标进行奖惩。

第二,加强监督管理。监督管理的方面主要涉及财务预算管理的各个环节。比如高校可以通过设立专门的内部审计部门,用以对财务预算管理进行监督,查漏补缺,弥补损失,必要时还提出改进方案,也可以委托校外的审计部门来完成,审计后在校内公布审计结果,使各部门及个人都能够参与其中,从而增强公众监督管理力度。

第三,负责上述步骤的牵头部门,要及时将评价结果反馈给执行单位,以助其实现改进工作、完善管理的目标,进而提升高校管理层的管理水平。

第二节

高校资产管理

国家和政府将大量的资金以项目经费的方式拨款至高校中,人们会明显地看到高校的办学环境、教学设备、师资队伍等方面有了较大的改善,高校的办学条件和面貌发生了很大的变化。同时,项目经费的使用与管理问题,也更为突出地进入了人们关注的视野之中,成为关注的焦点。

高等学校组织规模巨大,结构层次繁多,业务活动复杂。专门的机构为:学校项目经费领导小组;专门的制度为:关于项目申报、评审、管理的相关规定。随着高等教育事业的迅猛发展和办学形式的日益多样化,高等学校资产规模急剧膨胀,资产构成日趋复杂,管理难度随之也越来越大。学校的扩招、新建扩建、合并、合作办学等不仅造成了学校规模的扩张,而且也持续改变着学校内部资产管理体系架构和流程,学校内部推行的后勤、财务、人事、分配等各项制度改革,对学校的资产管理工作不断提出新要求。

一、高校资产业务的组织管理体系

高等学校资产一般实行"统一领导,归口管理,分级负责"的管理体制,统一管理是指资产管理实行校长负责制,分管副校长协助校长工作;归口管理是指按其不同形态和分类,由相关部门归口管理;分级负责是指学校、管理部门、使用人分别按不同职责管理或使用资产。

高校资产业务的组织机构包括使用部门、归口管理部门、监督部门。其职责如下。

（一）使用部门

（1）资产使用人负责资产的日常保管与使用，正确使用资产使其发挥最大效能；在职责范围内保护资产的安全与完好，防止毁损、丢失；发现资产异常情况及时向归口管理部门反映，配合归口管理部门及财务处的资产清查、盘点、估价等资产管理工作。

（2）资产管理员负责本单位设备的登记、管理以及与财务处、资产管理处的沟通协调事宜。

（3）分管资产负责人，资产使用单位分管资产负责人为该设备日常管理第一责任人，负责本单位管理资产的安全与完整，完善本单位的资产日常管理措施；防止资产毁损、遗失；督导本单位资产使用人管好资产，用好资产。

（二）归口管理部门

（1）资产管理处负责固定资产与实验材料等实物资产的归口管理工作。代表学校对学校房屋、土地进行管理。负责公务车辆的编制、购置、转让、报废及资产台账管理。代表学校对设备家具类固定资产实施统一监督管理。负责实验材料的计划管理和采购供应工作，负责全校物资的统购管理和安全监管，对低值耐用品实施统一监督管理。负责固定资产的定期盘点，保证账实相符。配合财务处的资产管理工作，定期与其核对信息。

（2）财务处负责货币资金的归口管理工作。负责库存现金的日常管理。负责银行账户的开立、变更、撤销及日常管理。负责国库指标支付的操作和银行资金的收支。负责银行账户的日常管理包括凭证传递和对账工作。

（3）校产业管理处负责制定学校经营性资产管理的规章制度，并监督实施；负责经营性固定资产、流动资产、无形资产、对外投资及学校其他经营性资产的登记、统计、评估、检查工作。调查研究学校各类经营性资产的管理、使用、经营和变动情况；监督经营性资产的使用和保值增值情况；组织拟开办的经营项目论证；组织意向对外投资的科技成果,进行委托评估和论证,以及完成科技成果对外投资的审批程序,监督合同执行,负责资产经营收益的催缴。

(三)监督部门

审计处负责本校资产控制工作的监督检查。

二、高校资产业务控制的目标

高校项目经费管理中存在较大问题的根源在于对项目经费缺乏专门的机构、专门的制度进行管理和规范。建立专门的机构、制定专门的制度对其进行管理,是有效管理与控制项目经费的重要措施。

(一)资产业务组织管理体系控制的目标

建立健全学校资产管理体系,明确部门职责,落实部门责任;建立和完善资产管理的各项规章制度,按制度管钱管物,使之有章可循;完善资产管理的业务流程,使之运行规范有序。

(二)货币资金业务控制的目标

确保银行账户的开立与使用、支票及现金的使用合法合规。确保银行存款和库存现金安全,主要包括:一是完整性,即收到的货币资金已全部登记入账;二是安全性,即通过良好的内部控制确保库存现金安全;三是合法性,即货币资金取得、使用符合国家财经法规,手续齐全、完备。确保货币资金信息真实、账实相符、数据完整可靠;确保货币资金的完整性,保证单位收到的资金全部入账;确保货币资金的效益性,使单位高效使用资金,加强货币资金利用效率,尽最大能力发挥效益。

（三）应收账项业务控制的目标

制定科学合理的应收账款信用政策,保证资金的安全;规范过程控制,合理保证应收款项安全快速回收,降低资金流失风险;确保应收账项业务会计核算资料准确可靠、余额真实准确;规范应收账款处置行为。

（四）存货业务控制的目标

合理配置存货,提高存货的使用效果;确保账实相符,信息真实完整;规范存货购置、管理、领用行为,防止存货舞弊。

（五）固定资产业务控制的目标

合理配置资产,提高固定资产使用效果;规范固定资产购置程序,严格招投标管理;确保账实相符,信息真实完整;确保固定资产处置规范有序,避免资产流失。

（六）无形资产业务控制的目标

确保无形资产的取得、使用和处置管理符合法律法规,避免学校承担法律风险;维护无形资产的价值,提高无形资产的使用效率,防止无形资产流失和被盗用;加强和规范无形资产管理,正确反映无形资产的价值。

（七）对外投资业务控制的目标

建立对外投资活动的授权批准、职务分离制度,维护对外投资资产的安全与完整,提高投资的经济效益;规范单位会计行为,保证对外投资资产收益在会计报表中合理反映与揭示;合理投资结构,降低投资成本,规避投资风险。

高校资产是指高校拥有或控制的能以货币计量的经济资源,包括各种财产、债权和其他权利。资产可以分为不同的类别:按耗用期限的长短,可分为流动资产和长期资产;按是否有实体形态,可分为固定资产和无形资产。综合这几种分类标准,高校资产主要分为货币性资产(现金、银行存款)、固定资产、无形资产、对外投资等。

三、高校资产的分类

(一)货币性资产

高校货币性资产是指存在于货币形态的资金,包括现金、银行存款和其他货币资金。高校在收取学费等收入会形成货币资金的收入;在日常运行中形成货币支出。日常经济往来中,货币资金的应收应付与实收实付之间往往存在着时间间隔,这就形成了往来结算核算。

(二)固定资产

固定资产是指高校保障教学正常运行而持有的、使用时间超过12个月的,价值达到一定标准的非货币性资产,包括房屋、建筑物、专用设备、办公设备、运输工具等。固定资产是高校的主要资产。

固定资产的价值一般比较大,使用时间比较长,能长期地、重复地使用。虽然在日常消耗中会发生磨损,但是并不改变其本身的实物形态。

(三)无形资产

无形资产,是指不具实物形态、但能带来经济利益的资产,范围包括:转让土地使用权、转让商标权、转让专利权、转让非专利技术、转让著作权、转让商誉。高校无形资产是指高校拥有或者控制的没有实物形态的资产。高校无形资产通常包括专利权、商标权、购置的教学软件等。

四、高校资产业务控制的具体措施

资产是高校教学科研的基本物质条件,是学校持续发展的物质保障。当前,资产管理在高校管理中起到越来越重要的作用,其职能也从简单的教学科研仪器设备等固定资产的管理,上升到全部资产的全生命周期管理。

(一)建立和完善资产管理制度

对学校国有资产实行"统一领导,归口管理,分级负责"的管理体制,明确资产管理工作实行校长负责、分管副校长协助工作的工作机制;同时,学校成立资产管理委员会,主任由分管资产的校领导担任,副主任一般由资产管理处处长担任,委员一般由校长办公室、财务处、监察处、审计处等部门组成。学校资产管理委员会职责:按照资产监督管理的法律、法规和规章,审核学校资产管理的规章制度,并对执行情况进行监督;审核学校资产优化配置方案,推动建立学校资产的共享共用机制;协调处理资产监督与管理中出现的重大问题;对学校资产转让和资产保值增值等情况进行监督;对学校对外投资、出资等重大事项进行论证;对各资产归口管理部门的工作进行指导与监督。明确资产按其不同形态和分类,由相关部门归口管理,各资产使用部门、单位负责人及使用人对本部门、本单位管理或者使用的学校国有资产的安全性、完整性和使用的有效性负责。[①]

高校应该建立适合自身发展的内部控制制度,真实完整地记录各项资产信息,保证资产管理业务涉及的货币资产、固定资产、存货、无形资产和对外投资控制环节有据可查无漏洞。高校内部控制制度的建立应该严格遵守"资产业务不相容岗位相互分离、制约和相互监督"的原则,特别关注关键岗位人员合理配置,明确职责范围、审批权限、工作要求等,防范资产损失或舞弊行为,保护资产安全、完整。

---

① 刘罡. 高校财务内部控制实务 [M]. 北京:中国农业大学出版社,2018.

（二）加强货币资金业务控制

实行货币资金的归口管理，未经授权的部门和人员不得办理货币资金业务或接触货币，出纳人员不得由临时人员担任，印鉴分别保管，财务专用章由专人保管，个人名章由本人或其授权人员保管，负责保管印章人员配备单独的保险柜等保管设备。

建立不相容岗位相互分离的岗位制度，支付的审批与执行、货币资金的保管与盘点清查、货币资金的会计记录与审计监督等岗位要实行分离，如出纳人员不得担任稽核、会计档案保管和收入、支出、费用、债权、债务账目的登记工作。履行资金审批程序，按照资金额度大小实行审批，重大资金流出需经分管财务校领导、校长签字审批。

依据高校资产业务管理原则，高校银行账户的开立、变更、撤销，应由专人管理，并由专人定期核对。加强银行账户管理，专人管理银行账户。对已失效的银行账户及时销户，防止多头开户现象。加强货币资金及时盘点，及时核对银行账户资金、货币资金，防止违规转移或隐藏资金的现象。

（三）加强应收账项业务控制

为加强应收账项的管理，财务处应建立各类应收账项的备查账制度。各应收账项的归口管理部门积极配合财务处建立健全各类应收款项的备查账，堵塞各种漏洞，协助财务处做好催收工作，维护学校利益。归口管理部门按照学校规定或合同约定的时间和标准按时、足额收回应收账项，并进行跟踪管理，定期做好催缴工作，及时向财务处反馈收缴信息。

财务处指定专人负责应收账项的清理，并采取"定期催报、限期归还、逾期扣款"的措施，严格控制应收账项的总额和占用时间，努力提高资金使用效率。[1]财务处和归口管理部门应对应收账项进行跟踪管理，定期做好催缴工作，逾期三年以上，有确凿证据无法收回的应收账项，财务处编制清理报告，提出处置方案，按规定的权限和程序报教育主管部门和财政部门审批后予以核销。已核销的坏账，学校仍然保留追索权，应单独设置备查账。

---

① 刘罡. 高校财务内部控制实务 [M]. 北京：中国农业大学出版社，2018.

（四）加强存货业务控制

高校实施资产业务控制需要合理编制存货采购计划与预算,实验材料、低值易耗品供应实行计划管理,对应用于教学实验的实验材料及低值易耗品应由各科室根据需要上报品种与数量,由学校依据购置经费预算统一安排及采购,从科研经费材料费项目开支。购置的用于教学的实验材料、低值易耗品由学校统一存放,计为存货,各科室根据需要领用,管理人员发放时做好记录并报给财务处,财务处设置各使用单位的"实验材料经费"项目,用于科研的实验材料、低值易耗品的购置经费。

存货一般由资产管理处组织采购,由使用部门根据需要申报计划,确认经费来源,资产管理处统一采购和供应。危险化学品采购由使用单位提出申购计划,经使用单位负责人签字加盖公章后,报资产管理处审批,保卫部门备案,公安管理部门办理准购证后统一组织购置。规范验收程序,确保账实相符,实验材料、低值易耗品入库必须认真组织验收。

（五）加强固定资产业务控制

完善固定资产配置申请制度,购建固定资产,要按学校的发展规模、专业设置、科研方向统筹规划,制订好建设计划,按照程序报批。防范资产购置不符合单位实际需要,造成资源浪费和损失。固定资产采购有其严格的程序要求,单件或批量超过一定金额的还需要走政府采购的流程,进行招标采购。高校应当明确采购流程,并严格按照流程进行。

明确资产验收职责,规范验收程序。学校固定资产验收由资产归口管理部门根据合同、招投标文件及有关标准组织实施验收,资产使用单位、资产归口管理部门等应参与验收。明确固定资产验收标准,认真编写验收报告,对验收中存在的异常情况及时处理。验收合格后,由资产管理处及时办理入库、编号、建卡、调配和投保等手续,财务处登记财务账,确保账实相符,防止或防范资产购置损失。

（六）加强无形资产业务控制

高校无形资产业务控制是指对高校无形资产的评估、核算等财务管理和对无形资产的开发、保护、利用等经营管理工作,加强高校无形资产管理能够增加高校的潜在财富、推动高校科技发展、强化高校知名度、提高高校竞争力、增强高校综合实力、促进科技成果转化为生产力、提高经济效益、维护高校的合法权益等。高校自行开发或研制形成的无形资产应依法及时申请并办理注册登记手续,明晰产权关系,依法确定由此形成的无形资产权属。

无形资产预期不能为学校带来利益时,应作报废报损处理,财务处应按规定的程序将无形资产的账面值予以注销。无形资产处置应按照平等合理、公开公正、依法合规原则进行,防止无形资产在处置环节流失。

（七）加强对外投资业务控制

校产业管理处负责对外投资项目的选择,对外投资预算项目需符合国家产业政策、学校发展战略要求和社会需要,并对项目进行严格周密论证,组织专家或者相关中介机构对拟立项的对外投资项目进行分析论证;财务处必须对投资项目所需资金、预期现金流量、投资收益以及投资的安全性进行测算和分析。由资产管理处牵头组织专家进行风险性评估和合法性审查,提出鉴定意见,经资产管理委员会复核提出意见,报分管校领导审核后提交学校教代会讨论,经学校党委会审定、校长审签。

对外投资项目立项通过后,由财务处负责向教育主管部门及财政部门报批,根据批复的投资计划对实施的投资进行财务核算,及时、全面、准确地记录对外投资的价值变动和投资收益,保管投资权益证书文件,及时收取投资收益及不定期对账;校产业管理处负责办理投资手续,对投资项目进行跟踪管理,定期核对投资结果情况;负责所投资项目的跟踪管理,按投资协议及时足额收回投资资产,提前或延期收回的,应报经校党委会审议批准,并向教育主管部门及财政部门备案。

学校投资的校办产业无法继续经营,应对其进行注销或股权转让,并依法依规到教育主管部门、财政部门等办理相关注销、转让手续。同时,财务处应依据注销手续注销对外投资的账面值。

五、高校加强固定资产管理的重要性

财务管理上对固定资产的计划审批、实施采购、验收登记入库、领用登记、维修维护、申请报废等全过程的全面管理称为固定资产管理。近些年财政部对固定资产的管理特别重视,不断要求行政事业单位及高等学校进行资产清查工作并上报,提高了资产管理的认识以及管理水平。

加强固定资产的管理,提高固定资产的使用效率,有利于降低财务成本,节约财政资金的使用;有利于盘活资产,对闲置的资产和使用效率低的资产进行重复利用,避免重复购置;为资产有效评估,以及领导决策提供可信依据,有利于提升高校会计信息质量。

总之,健全高校财会人员选人用人机制,加大财会人员管理与培训力度,提升财会人员整体素质,突出财会人员在高校经济管理工作中的核心作用,保证财会人员正确履行工作职责是建设现代化高校财务的关键所在,我们一定要把财会人员管理与培养作为高校经济管理的一项长期工作,才能确保高校会计信息的真实、合法,才能真正发挥财会人员"管家理财"的作用,为建设高水平现代化大学出谋献策,促进高校健康可持续发展。

第三节

高校成本管理

一、高校成本控制

高等院校承担着人才培养、科学研究、社会服务和文化传承四大任务。虽然高等院校的资金来源主要依赖国家财政拨款和被服务者缴费，不以营利为目的，但这并不意味着高校不存在"投入与产出"的概念和过程。国家向高校拨款，当然希望高校能够培养出"德才兼备"的合格人才，希望能够产出可以推动社会进步的"科学技术"。高等院校中的不少科研团队、大牌知识分子和项目负责人手上都掌握着数百万乃至数千万元的科研经费。清华和北大等名牌大学的二级学院（实行校院二级管理）负责人手上掌握的运行经费甚至可以达到上亿元。[①]

高等院校的二级学院（包括各部处）、研究院（所）、实验室都有收支活动，无论是使用纳税人的资金（财政拨款），还是使用被服务人的资金（消费者的缴费），各资金使用单位的最终"产出"至少都应该达到最初"期待"的要求。现今，越来越多的民间资本进入了高等教育领域，高校的经营模式日趋多元，高校管理与企业管理的界限逐渐模糊，事业单位企业化管理是当今社会的一股潮流。

由此可见，无论是企业还是高等院校，在市场经济的前提下都会发生经济活动，任何经济活动都应当权衡"实施成本"与"预期效益"，以适当的成本实现有效控制。高校同企业相比，对待"成本效益"的区别在于：企业需要进行成本与效益匹配账务核算，高校则不需要这方面

---

① 邵积荣.高校经济活动内部控制研究[M].广州：羊城晚报出版社，2017.

的账务核算。虽然高校不需要成本效益账务核算，却依然需要用"成本效益"原则去指导职工的行为，用"成本效益"原则去评价职工的工作绩效。原本行政事业单位内部控制的客体就是单位的经济活动，必然需要考虑经济活动的特质，离开"成本效益"原则，内部控制制度的设计、实施和监督就失去了动力。"成本效益"原则是内部控制的灵魂，高等院校的内部控制同企业内部控制一样，不能没有"成本效益"这一原则。

"没有最完美的内控，只有最适合的内控"。一般而言，单位应该将错误或潜在风险可能造成的损失和浪费控制住或控制在可以接受的界限之内，然而，在实际工作当中，一些理想的内部控制往往会因成本过高而最终被迫放弃。如，在高校里，理想的工程造价应该经过如下程序：首先由基建后勤部门的专职造价管理人员进行初审，然后再提交审计部门进行造价审计，最后才委托社会中介机构进行结算审计。完善的造价岗位配备和完整的审核流程，对于工程项目多的高校是非常必要的，但对于基建工程量小的职业学校，未必都会配备足够的工程造价人员，因为专设造价审核岗位支出往往会比工程费用审减数额更高，从成本效益角度来看，用导弹打野猪的做法是不划算的。

二、关于高校成本管理的建议

无论是企业还是高等院校，在市场经济的前提下都会发生经济活动，任何经济活动都应当权衡"实施成本"与"预期效益"，以适当的成本管理实现有效控制。高校同企业相比，对待"成本效益"的区别在于：企业需要进行成本与效益匹配账务核算，高校则不需要这方面的账务核算。虽然高校不需要成本效益账务核算，却依然需要用成本管理原则去指导职工的行为，用成本管理去评价职工的工作绩效。

（一）更新成本观念

作为现代成本管理中的基本意识，成本意识在学校管理中同样重要，这就要求学校管理人员要对成本管理和控制引起重视。学校管理人员应该将成本意识引入学校的各个部门,帮助全校人员树立成本控制观念,形成"组织化成本意识",从而降低学校的运营成本。要从战略布局的高度对此加以考虑,确立长远目标,应具备以下两种观念。

1.成本效益观念

要将成本效益观念作为高校一切成本管理活动的出发点,构建"投入"与"产出"的统计模型,通过分析和对比,对成本的合理性和必要性进行确认,从而降低学校的不必要成本,达到创造更高价值和社会效益的目标。值得注意的是,降低不必要的成本与单纯的降低支出不同,前者更注重成本的利用效率。比如为了增加学校某一区块功能而进行额外投资,虽然增加了成本,但产生的效益更大,这样的成本增加是符合成本效益观念的,可以说成是"为了省钱而花钱"。

2.成本动因观念

在对各种成本动因的分析过程中寻找成本控制的新途径。要充分发挥人的主观能动性,为学校的每一个人树立成本管理意识,此外,学校职工的综合素质、工作态度和能力等,都对高校的成本效益起到关键性的影响,如老师的教学能力提升了,学校的教学效率和社会效益就更高,这种成本驱动因素的潜力是巨大的。

(二)引入作业成本法

作业成本法的核心思想是"产品消耗作业,作业消耗资源"。作业成本法具有两个方面的特点:第一,把作业作为成本核算的重点和核心,将成本核算深入作业层次;第二,对于产生的间接费用,其分配方式可以根据引起间接费用发生的多种成本动因,并对最终产品的成本进行追踪比较,使计算的结果与实际情况更加接近。高校作为教育生产部门,其生产的"产品"就是对高等人才的培养,在这一过程中按其价值链展开是由若干环节组成的,每一个环节又可以根据具体的成本管理需要和经济效益原则定义为一项或几项作业,每一作业都要产生一定的成本。

（三）建立成本管理体系

成本管理基本规范是由一系列的成本管理行为标准组成的一个完整体系。例如,从法律规范角度包括与成本管理有关的法律和教育法规;从理论规范角度包括了成本管理目标、成本管理原则、成本要素、成本核算基本前提、成本信息处理程序和方法等;从技术角度包括了对成本核算实务处理提出的要求和准则、方法和程序以及成本管理职业道德规范等。

第四节

高校会计人员管理

会计人才作为我国人才队伍的组成部分,是维护市场经济秩序与促进国家社会和谐的重要力量。加强高校会计人才队伍建设,事关高校全面会计发展管理大局,对于促进高校内部控制建设、有效提升高校财务管理、推进我国政府会计制度改革与发展,具有深远而重大的意义。

一、高校会计人员的岗位设置

（一）高校会计人员岗位设置的一般要求

我国高校岗位分为管理岗位、专业技术岗位和工勤技能岗位。管理岗位是指在高校中担负领导职责或管理任务的工作岗位。专业技术岗位包括教师岗位、其他专业技术岗位和附设专业技术岗位。其中,其他专业技术岗位是指为教学和科研工作提供技术支持或辅助服务、具有相应专业技术水平和能力要求的工作岗位。

高校财务人员岗位主要涉及管理岗位和其他专业技术岗位。管理岗位主要是部门负责人,其他专业技术岗位包括其他大部分工作人员。这些工作人员基本都具有相应的专业资格。《高校财务制度》规定:"高校财务机构应当配备专职财会人员。财会人员应当具备与其工作岗位相适应的资格和能力。财会人员的调入、调出、专业技术职务评聘以及校内二级财务机构负责人的任免、调动或者撤换,应当由学校一级财务机构会同有关部门办理。"

(二)高校会计人员关键岗位的设置情况

从高校整体经济活动来看,高校财务关键岗位包括预算业务管理、收支业务管理、政府采购业务管理、资产管理、建设项目管理、合同管理以及内部监督等经济活动的重要岗位。

从财务管理层面来看,内部控制关键岗位包括预算业务岗、会计核算岗、资金业务岗、会计稽核岗、信息系统管理岗等。

关键岗位是高风险岗位,在很多环节中都面临风险。如果执行中出现问题的话,高校将会面临较大的损失。因此,高校必须要结合自身的实际情况,综合考虑各项经济活动的规模性、复杂性等,科学、合理地设置高校财务内部控制关键岗位,并配备合格的专业工作人员。

二、高校会计人员的关键岗位及其职责

(一)预算业务岗位

《行政事业单位内部控制规范(试行)》第19条规定:"单位应当合理设置岗位,明确相关岗位的职责权限,确保预算编制、审批、执行、评价等不相容岗位相互分离。"各高校实际情况不同,因此在财务预算管

理体系设置上也就不同。一般来说,每个高校都设有预算业务管理决策机构、预算业务管理工作机构、预算执行机构。而且,预算编制、预算审批、预算执行、决算评价等岗位均保持独立。

预算业务岗位的主要职责包括以下几个方面。第一,编制学校综合财务预算,监督管理并分析学校的综合财务预算及专项资金预算。第二,编制学校部门预算和部门决算。第三,提供相应的财务信息,如经费分配数据信息、会计核算等。预算业务管理工作归财务部门负责。

此外,还可设置预算归口管理部门。预算归口管理部门的主要职责是汇总审核管理范围内的预算执行机构提交的预算建议数和细化调整数,审核预算追加调整申请和预算执行申请等。预算归口管理部门先行处理跨部门的经济业务,先对预算建议进行审核,然后再交给预算业务管理工作机构进行汇总平衡,这有助于提高预算编制的效率。

(二)会计核算岗位

会计核算业务涵盖收入业务和支出业务。会计核算岗位的工作人员主要负责正确记录经济活动。具体来说,会计核算岗位的主要职责有以下几方面:审核原始单据,编制并复核记账凭证;监督经费使用进度,做好经费年终结转,确保经费财政、银行和账面等一致;定期清理往来款项信息;定期与学校资产管理部门核对国有资产的报账情况;整理会计凭证及账簿,做好会计档案管理工作。

(三)资金业务岗位

随着技术手段的快速进步,会计电算化、信息化水平不断提高,现金业务已经在高校财务的日常管理中逐渐淡出,甚至消失,现金保管、送存银行等业务随之隐退。

资金业务岗位的主要职责:准确处理资金的往来收付,严格核查控制资金流动,确保账、表、单彼此相符;建立健全并严格执行资金支付的控制制度,确保资金收付安全;保管好涉及资金支付的网络设备的硬件,确保密码不得外泄。

（四）会计稽核岗位

会计稽核岗位主要的职责就是对财务管理部门的各项业务、各工作岗位进行内部核查，及时发现问题，化解风险，并正确指导日常业务的开展，起到引导、营造良好工作状态的作用。

（五）信息系统管理岗位

随着现代化技术手段的应用，高校财务管理工作中的信息系统管理工作愈发显得重要。因此，信息系统管理岗位的工作人员具有较大的发展空间。

信息系统管理岗位的工作人员主要负责以下几方面工作。第一，在计算机技术普及的趋势下，负责软件的开发与使用。第二，负责财务系统网站功能维护，及时更新数据库，做好数据备份工作。第三，遵守会计电算化管理相关规定，做好内部工作人员培训工作。

三、高校会计人员的队伍建设

当前，部分高校财务机构不健全，会计人员缺乏，违反不相容岗位分离原则，一人多岗，缺乏必要的内部牵制机制。因此，高校应当根据高校实际情况、高校的经费收支情况、高校财务部门的职责等，强化高校财务工作力度，科学合理配置财务人员编制，并按事业发展需求做出动态调整，逐步优化财务人员结构，保持财务干部队伍稳定，以保证财务工作正常开展。

（一）高校会计人员队伍的基本结构

高校财务管理队伍的结构，应当从专业技术结构、年龄结构和性别结构三个角度把握。

从专业技术结构的角度看，高校财务管理队伍的主体应当是经过专业教育、具备相应职业资格、专业技术职称的专业人员，具体专业包括会计、计算机、税务、金融、工商管理、法律等。就是说,高校财务管理队伍的专业技术结构是以会计为主的复合型结构。今后,更需要注意会计和计算机复合型人才的培养。

从年龄结构的角度看,高校财务管理队伍需要注意老中青的梯度建设。目前,我国高校财务人员面临青黄不接,年龄结构不尽合理的问题。

从性别结构的角度看,当前高校财务管理队伍男女比例严重失调,女性比例偏高。从内部控制环境的角度来看,这是队伍建设必须注意的一个问题。高校要根据专业化队伍建设的要求,严把新进财务人员录用关,加强对新进财务人员的管理。高校应合理设置会计系列职称评定条件和要求,提高财务人员专业素养,提升财务人员的执业能力,逐步增加中、高级以上专业技术资格人员比例,从而有效维护财务人员的合法权益。

(二)定期轮岗制度和关键岗位人员退出机制

高校财务人员定期轮岗既可避免个人长期在关键岗位工作的风险,又可培养财务人员多岗多能。

科学的财务人员轮岗制度能保障高校财务工作有序开展,保障财务工作轮岗有序、合理的运行。结合高校财务人员轮岗目标,高校财务管理部门要制订科学的、合理的、详细的财务人员轮岗计划,明确岗位编制、轮岗对象、轮岗周期、轮岗人数及轮岗后的考核评价等。同时高校应做好协调和沟通工作,处理好财务人员轮岗工作,全面推进财务人员轮岗工作顺利有序开展。

高校实行财务人员定期轮岗,对轮岗人员进行培训,必须先明确培养方向及轮岗者去向,避免大面积轮岗,给财务部门工作正常开展造成困扰。根据财务工作岗位性质、分层分批错开进行。根据财务工作岗位要求和性质,明确轮岗年限。

关键岗位人员退出机制主要针对已经不适合再从事关键岗位工作,同时不适合轮岗的人员,如不具备胜任能力无法从事财务管理工作的、违反纪律必须清退的有关人员。退出机制体现了能上能下、能进能出的财务队伍管理状态,是高校财务内部控制环境自我清洁的机制。

（三）高校会计人员培训制度

财务管理部门的工作人员必须具备与其工作岗位相匹配的资质和能力。因此,高校应建立相应的人事用工管理制度,优化关键岗位人员配置。同时,制定可行的培训计划,提高财务管理部门工作人员的业务能力和职业素养,提高遵守和执行相关法律法规的自觉性。

为了促使高校顺利实现转型,完成供给侧结构性改革,高校在对财务管理人员开展培训时要注意以下几点。第一,培训内容要贴合实际需求,既能满足财务人员个性发展的需要,又能聚焦高校转型发展的需要。第二,提供丰富的培训资源,改善培训环境,从而丰富财务管理人员培训。

（四）高校会计人员激励制度

激励制度是营造高校财务内部控制环境良好氛围不可或缺的一个重要内容,对于振奋士气、提高工作效率、提高工作质量,有积极的作用。通过满足财务管理人员的物质、荣誉、情感等需求,来调动工作人员的积极性和创造性。因此要确立一套完整的激励体制来用在高校财务队伍管理上,从而达到效率最优的目的。

一般来说,激励措施包括物质激励、精神激励、奖惩激励等形式。结合高校财务管理的实际情况看,精神激励、奖惩激励起到的作用可能远大于物质激励。总之,健全高校财会人员选人用人机制,加大财会人员管理与培训力度,提升财会人员整体素质,突出财会人员在高校经济管理工作中的核心作用,保证财会人员正确履行工作职责是建设现代化高校财务的关键所在,我们一定要把财会人员管理与培养作为高校经济管理的一项长期工作,才能确保高校会计信息的真实、合法,才能真正发挥财会人员"管家理财"的作用,为建设高水平现代化大学出谋献策,促进高校健康可持续发展。

第三章

新时期高校财务管理创新

在市场经济全球化、知识经济市场化和全球经济一体化的发展趋势下,为更好地适应我国高校办学自主化、经济利益多元化、经济关系复杂化、财务管理精细化的需要,为进一步完善现代大学治理的需要,高校财务工作必须紧紧围绕财务管理改革与发展这一中心,创新体制,搞活机制,完善制度,规范管理。

第一节

高校财务管理创新的经验借鉴

　　研究外国高校财务管理问题,借鉴外国高校财务管理创新的经验,对我国高校稳定发展、对我国教育事业建设和社会人才培养都具有重要的意义。下面以美国、英国、日本和印度为例,分别介绍其高校财务管理模式及值得我国高校借鉴的经验。

一、美国的高等教育财务管理创新

(一)实施不同的财务管理体制

　　美国的大学很大一部分属于私立性质,这部分高校一般采用的是分散型的财务管理模式,高校将通过各种途径获得的经费中的一大部分交给其下设的学院直接管理,校本部掌握一小部分的经费用来发放人员工资福利、维护校舍建设等。下设的二级学院拥有办学自主权,在财务上是相对独立的核算单位,是学校的办学实体和管理重心。美国的公立高校一般实行的是集中型财务管理体制,就是学校的预算管理、经费来源和支出控制权限集中于校级,院级需要经费时向学校发出申请,校级管理部门将其纳入学校的预算,这部分的预算费用需要州政府审批后才能执行。

（二）营造宽松、灵活、开放的筹资环境

美国高校资金来源中，政府拨款所占比例并不大，平均占各大学总收入的一半左右。这与我国高等教育的收入来源基本相似，但政府提供给高校的筹资环境则比中国宽松、灵活得多。

1.通过税收政策手段鼓励私人机构向高校捐赠、投资

美国法律规定，任何人向教育捐赠都可以抵扣所得税。该政策本来是针对所有形式的教育，但最大的受益者往往是高校，因为高校是培养精英的摇篮，而精英们往往是大多数捐赠的主体。

2.允许高校投资创收

美国高校财务部门都设有投资办公室，专门负责学校各种基金的投资与管理，也负责将学校临时闲置的资金投资增值。根据美国法律规定，非营利高校投资收入是免税的。因此，投资收益构成高校一项重要的经费来源。

3.允许高校发行债券

高校发行债券往往由于其风险相对较小、社会效益大而很受民众欢迎。高校发行债券的机制与企业基本类似，能否售出，利率高低都取决于其信用等级。所以，高校往往都很注重自身的信用建设，定期申请信用级次评估，并且利用其信用等级直接向社会发售债券。购买高校发行的教育债券，可以享受税收优惠，这也是高校债券能够发行的一个重要原因。

（三）实施科学、严格的预算

高校预算分经常费预算和建设性预算，分别编制，以确保高校正常运转。经常费用预算有一套复杂的计算公式，主要参考依据是以高校所开设专业的学分小时的单价为标准计算，当然也考虑学校招生人数的多少。建设性预算根据项目申报，州议会要根据州财政状况和高校实际情况逐一审批。所以，各高校都没有筹资办公室，负责游说州议员和州长，希望他们支持学校的预算方案。

二、英国的高等教育财务管理创新

（一）实行拨款制度

英国的大学大部分属于公立性质，这部分高校的办学经费主要来自政府拨款，高等教育投款委员会（IEFCE）负责把经费分配到各高校。当高校收到政府拨款后，按预算直接分配给各级学院，学院按照所占用的资源，上缴一部分资金给学校，以供学校日常行政经费开支。也有某些高校在收到拨款后，会先做一个整体的预算，将有可能用到的经费扣除，然后将剩余的资金按需分配在下设各级学院。

（二）学生贷款

在英国，政府提供经费用于学生贷款，帮助学生解决在接受高等教育期间的生活费用。贷款不是无偿提供，学生先向政府借款，当他们完成学业工作后有了收入，再还给政府。在英国，不管是公立大学，还是私立大学，只要大学生的年龄在 50 岁以下，都可以每年向政府贷款3000 英镑，这取决于学生自身，无关学生家庭经济状况，只是学生毕业后需偿还些贷款项（一般还款期为 5 年）。

（三）校企合作

从 20 世纪 80 年代开始，英国就有大学展开了与企业的合作。出现这一现象的原因有两个方面：一是英国政府用于教育的经费呈现逐年减少的趋势，导致学校不得不另外获得资金来源维持正常运转，于是与企业的联合就产生了，高校通过这种方式来获得资助；二是学校和企业双方认识到国家的发展靠人才，而人才的产生大部分依靠高水平的国民教育，只有将企业与学校紧密结合起来，才能更好地培养有利于国家发展的人才，使国家在国际竞争中立于不败之地。

为了加强大学与企业间的合作，英国政府采取了以下几种措施：第一，鼓励大学从学校开拓各方面资源。第二，在税收方面对大学创收给予优惠政策，只要是用于教学和科研以及促进学校自身发展的，均不需向政府缴纳税款。第三,建立大学与企业界沟通的桥梁,比如,英国教学公司、工业和高等教育委员会、多学科研究中心以及科学园等。第四,鼓励私人投资。政府希望大学可以吸引一部分私人基金,缓解教育过程中经费不足的问题。

三、日本高校财务管理现状

在日本,私立高校约占学校总数的80%,国立和公立约占20%。日本高校的经费来源包括政府的各项财政拨款以及学费、入学金、审查费、医院收入等学校自筹资金。东京大学是日本国内首屈一指的国立大学,其运行经费主要靠政府资助,东京大学每年总运营经费大约是2100亿日元,其中1900亿日元来源于"日本政府国立大学特别财政款项",另外约有150亿日元来源于"科学研究经费补助金"。大学设立评议会,为学校最高权力机构。评议会的职责是审议、协调、决定学校重大事项和监督总长工作。为了长期可持续发展,东京大学正在逐渐改变学院在设施、预算、教师等方面依靠学部的倾向,使学院拥有人事权、预算权,教师直接归学院管理,提高学院的自主权。[①]

关西学院大学是日本的一所私立高校,其经费来源主要是学费,其次是社会捐赠。关西学院大学的预算分为一般事业费和特别事业费,一般事业费指各部门完成日常工作所需基本经费;特别事业费指各部门每年所需特别项目支出。一般事业费是要严格控制的,对于特别事业费,财务制度上则给予了经费使用部门以一定的自由度,即按财政支出的目的不同进行分类的经费,在计划内允许使用者相互调剂。为了保证特别事业费的安排,即重点项目的经费支出,关西学院大学现在对可节减的项目经费予以减少经费,各部门编制的特别事业费预算,往往都会超出可供经费的2~3倍,财务部则要将其压缩调整至可执行的预算之内。因此,财务部现在要比以往更多地去了解部门对特别事业费安排的可行性、必要性论证,还要更重视对其结果的评估。

---

① 徐峰. 现代高校财务管理的实施与监督 [M]. 长春:东北师范大学出版社,2018.

四、印度高校财务管理现状

印度的高等教育经费虽然也是多元化筹措,主要有政府财政支出、学生学费、私人捐赠、高等院校的自筹资金和国际援助等,但印度高等教育主要靠政府投资,其投资额占教育总经费的 78%~92%。印度高校对直属学院(亦称大学学院,约占 10% 左右)进行教学、行政直接领导,学院的各项费用完全由学校支出,实行集中的财务管理制度。对于附属学院(约占 90% 左右),学校则给予其较多的自主管理权,附属学院的院长对学院的管理起主要的支配作用。印度政府一直在努力发展自治学院,即附属学院如果承认自己有能力提高教学质量,那么,将考虑给予其自治地位,使之在学校的学术、管理以及财政方面具有更多的自由,大学只负责一般的监督管理和授予学位。

第二节

高校财务管理模式创新

现阶段,对于高校的财务管理,部分发达国家已经进入了战略管理阶段,而我国发展相对落后,很大一部分高校的财务管理模式还在沿用传统的形式,无论理论还是实践,和发达国家相比还有很大的差距。随着我国高等教育事业的不断发展以及市场经济环境的日趋复杂,高校也必将实现从传统财务管理向财务战略管理的转变。高校在实施财务管理模式创新的过程中应注意以下几个问题。

一、重视高校财务环境分析

在市场经济发展的大环境下,高校财务环境复杂多变,同时,每所高校的经营、管理情况各异,因而,每所高校对财务环境的适应能力也就不同。高校通过自身调整,快速地适应特定的财务环境要求,表明高校对财务环境具有较高程度的适应能力,从而高校就具有明显的竞争优势,那么对于财务环境也就更具有竞争力。因此,每所高校需要适应特定的财务环境,根据财务环境的需求调整自身,制定相应的策略。对高校财务造成影响的环境可分为内部环境和外部环境。内部环境即高校财务内部各组成要素,包括发展规划、组织结构、人力资源政策、内部审计、校园文化、信息化程度等。外部环境即影响高校财务的其他要素,包括政策法规、经济、社会文化、技术等。具体来说,发展规划主要是指高校的长远发展计划。高校的发展规划必须符合高校自身发展需求,是高校经综合分析现实状况、预测未来发展趋势的基础上制定的。组织架构主要是指高校内部各层级机构设置、职责权限、人员编制、工作程序和相关要求的制度安排,主要包括组织机构和岗位设置等。运行机制主要是指为实现高校财务目标而建立的运行和制衡机制,主要包括决策机制、执行机制、协同机制、监督机制等。高校内部控制关键岗位主要包括预算业务管理、收支业务管理、政府采购业务管理、资产管理、建设项目管理、合同管理以及内部监督等重要岗位。高校的会计与信息系统主要包括会计系统和信息系统两大系统。会计系统是高校会计机构、会计人员和会计工作的组合;信息系统是高校利用计算机和通信技术,对经济活动数据进行集成、转化和提升所形成的信息化管理平台。

另外,政府在高校财务管理中发挥着很大的作用。政府在经济活动中,其不仅对经济起着宏观调控作用,而且对市场具有协调管理作用。尤其对于我国来说,我国市场经济正处于不断完善和发展的过程中,此时,政府所发挥的调控作用更加明显,政府对于生产经营影响更大。对于高校来说更是如此。因此,在高等教育改革的大环境下,高校作为高等教育的主要竞争主体,其管理也会随教育大环境的变化而发生变化,在这个过程中,政府也需要采取一定的举措,对教育环境变化作出反应。政府进行调整所采取的举措主要有制定或修订经济政策、对高校经营活动进行支持和政策倾斜等。

综上所述,对影响高校财务发展的内外部环境进行分析可以使高校的财务环境获得良性健康发展。

二、在高校总体战略下科学确定财务战略

财务战略管理始于战略目标的确立,它是一个以环境分析为重点的连续性过程。高校的财务战略是指在一定时期内,高校以其整体发展战略为基础,对影响高校长期发展的财务活动和财务关系作出战略性安排,并确保其执行的过程。高校财务战略由高校的管理层制定,高校财务战略只是全面支持高校总体战略的子战略之一,必须在高校总体战略的指导下科学确定。同时,高校财务战略管理具有相对独立性,它既有战略管理的共性,又有财务管理的特性。可以说,只有在高校总体战略的指导下科学地进行财务战略管理,才能让高校财务战略更好地为高校发展保驾护航,实现高校总体战略目标。

三、重视财务战略与其他职能战略的协调

高校财务战略作为高校竞争战略的子战略之一,除了从属于总体战略,还要受其他诸如教学发展战略、科研发展战略、学科提升战略的影响。因此,在确定高校财务战略时要重视职能战略之间的相互制约和相互支持。高校资源在全校范围内运动,要达到资源配置的均衡有效,财务战略必然需要其他职能战略的配合。实现财务战略与其他职能战略的配合可以采用以下两种方法:一是设立高校战略协调委员会,负责对各职能战略开发提供指导。委员会应由来自各职能部门的代表组成,以有助于各职能部门间的有效沟通,调动其积极性和创造性,促进战略实施。二是由校长或一名副校长负责各职能战略间的相互协调。由校长或副校长进行协调,其权威性强,有利于战略的有效实施,但是有可能挫伤各职能部门管理人员的积极性和创造性,并导致战略管理

官僚化。[①] 各职能战略与财务战略的关联度存在差异,高校必须重视协调与财务战略关系密切的职能战略,在战略协调方面关心真正重要的问题,保证财务战略有效执行。

四、合理配置财务资源

在一定时期内,高校的财务资源都是有限的,在运用时必须进行合理的配置才能发挥良好的效果。对于财务资源配置,无论是有形财务资源,还是无形财务资源,都不能无限制地满足高校财务的需求,因此,财务资源必须要进行优化配置,追求配置的效益和效率。[②] 这里提高的效益和效率,都是针对财务资源配置而言。其中,效益是指财务资源配置使用之后给高校带来的最大化的利润或价值。效率是指财务资源配置使用过程中,用最少的投入带来最大的收益,追求配置的投入与产出之间的比例为最优。从概念中我们可以看出,财务资源配置的效益主要强调结果的最优,而财务资源配置的效率则主要强调过程的最优。它反映了高校财务资源配置不可分割的两个方面。每所高校的经营状况会有区别,财务管理能力方面也会不同,因此,每所高校在财务资源配置的效益和效率上也会存在着不同。每所高校只有实现更好的财务资源配置效益和效率,才能具备更好的竞争优势,从而具备更强的财务资源配置竞争力。[③]

五、加强高校战略成本管理

为了实现和维持高校的竞争优势,高校领导必须审视高校内部资

---

① 李长山.现阶段我国高校财务管理的若干问题研究 [M].北京:北京理工大学出版社,2017.

② 姚树中.大企业财务竞争力研究 [M].北京:经济管理出版社,2012.

③ 黄洁莉.论基于竞争优势理论的企业科技创新三维价值协整 [J].会计论坛,2008,(02).

金流动过程,加强高校战略成本管理,形成一套不断改善和提高高校价值链中作业价值的战略成本管理方法。在高校战略成本管理中首先要丰富高校成本管理的内涵,以高校教学、科研等活动的作业链为中介,对费用的发生进行控制;其次,要明确高校战略成本管理的长远目标,高校战略成本管理是为了高校获得未来长期的竞争优势,而不是以短期成本的高低为判断标准的;最后,要突出高校战略成本管理的全面性,即不是站在高校某项管理的单一角度谈成本控制,而是在对高等教育整体和其他高校分析的基础上,以高校全局为对象的成本管理。

第三节
高校财务管理技术和方法创新

一、以财务战略目标为导向

成功的战略只有在明确的目标指导下才能实现。财务战略目标为组织战略目标服务,指明了财务战略管理的总体方向,明确了财务战略管理的具体行为准则,在整个财务战略系统中处于主导地位。财务战略管理目标的设定必须服从组织战略管理的要求,与组织战略协调一致,从财务上支持和促进组织战略的实施。

二、以组织竞争力为核心

在高校教育实践中,教育组织竞争力受到诸多因素的影响。研究高校教育组织竞争力,能帮助高校转变以往的发展理念,建立新的发展理念,从外部市场结构转向高校内部核心能力,形成完善的高校财务竞争力理论体系。因此,在新经济背景下,加强高校财务竞争力研究,对指导高校财务管理实际工作的进行,提高高校竞争力,应对外界教育形势变化,推进高校财务管理工作有序进行具有重要的作用。

三、战略成本管理是提升组织竞争力的主要参数

成本是决定竞争力的重要因素之一,战略成本管理是财务战略管理研究中的重要问题。在激烈的市场竞争和急剧变化的市场环境下,向战略成本管理要效益,已成为组织获得和保持竞争优势的关键。战略成本管理实质上就是将成本置于战略管理的高度,将其与影响战略的其他要素结合,对组织成本进行全面分析与控制,以寻求成本改进,并获得竞争优势的战略成本管理过程。在以竞争力为核心的财务战略管理中,战略成本管理是组织竞争力和财务战略管理的联结。

四、以财务战略决策的选择、实施、控制、评价为内容

财务战略决策决定着组织财务资源的配置。财务战略决策的选择、实施、控制和评价应当从全局角度出发,注重整体性,符合组织的总体战略,同时还要协调部门间的配合,减少内部职能失调,与其他职能战略相适应。

五、完善财务管理方式

（一）领导参与财务管理

随着高校法人地位的确立,高校领导财务管理的责任也越来越大,同时对学校领导具备财务管理的素质要求更为严格。高校的财务管理已不再局限于资金收支,领导"一支笔"签字方面的管理,现在对一些财务事项、会计事项的处理常有多种政策、原则可供领导选择,这就需要学校领导通过分析判断来作出选择,如果不了解财务管理背景、政策以及专业知识,就难于应对财务遇到的新情况新问题。高校领导应根据高校资金运作特点,主要抓好筹资管理、投资管理、成本管理、分配管理,使有限的教育经费发挥出最大的效益。

（二）专家参与财务管理

高校的财务治理结构应当是全面型的、知识型的,这就需要高校财务治理结构中除学校领导、财务机构外,还应吸纳外部的、内部的财务和信息方面的专家参加。很有必要成立学校财务咨询委员会或建立财务联席会议制度。将校外有经验的人才如财政官员、财务学者等融入高校财务管理之中,打通学校和社会的"校民"两界的社会和民间力量,以补充学校的财务管理力量。这些专家对学校财务治理起咨询、参谋作用,不拥有也不应拥有控制作用。

（三）员工参与财务管理

高校在传统上认为财务管理纯粹是财务管理人员的事,财务决策也是很小的范围,与其他人员没有关系,其实高校财务管理的主体是高校全体师生员工,客体是资金运动及其形成的财务关系。在高校生存与发展中,财务管理的绩效如何,从根本上取决于管理主体,因此,高校在财务管理中要激发全体师生关心学校发展和建设的热情,发挥积极性、创造性,建立健全相关机制,使其为学校聚财、生财、用财、理财等方面出谋划策,并从自身做起,在设法筹集资金,合理使用资金,降低资金成本、提高资金效率方面,形成全员式理财格局,从而使高校财务管理处于公开透明的、健康良好的运行状态。

第四节

高校财务管理系统创新

高校财务管理系统创新是大学使命实现的路径。在现代社会中,大学是因其特殊的使命而存在与发展的。高校财务管理系统创新已经成为一所高校自主创新能力的重要体现,是一所学校核心竞争力的重要组成部分,与人才培养、科学研究、社会服务等创新能力一起,构成了衡量现代高校创新能力的重要方面。

一、管理层决策指挥系统创新

要做好高校财务管理工作,首先必须理清高校的财务领导体制问题。高校财务领导体制必须与高校领导体制一致,在统一的领导体制下,财务管理工作的具体管理办法和管理措施可以根据最优原则来选择。

(一)建立分级管理体制

在校长负责制下,高校的财务工作实行学校统一领导,实行分级管理二级学院,在学校的统一领导下,可以自主管理的事项和权限包括以下几方面。

1.制定具体实施办法

二级学院在执行学校统一前提下,可以根据本学院实际情况制定具体的实施办法和落实措施。

2.统筹使用预算资金

在学校统一预算和资源配置的前提下,二级学院将学校分配的预算经费,包括学院的人员经费及教学科研等日常公用经费等,按照学院教学等各项计划的进展情况进行统筹安排和合理使用,提高资金的使用效益。

(二)管理和控制制度设计

制度设计是指高校为实现财务管理各系统及各环节的有效运转而制定的一整套规章制度体系。价值管理主要由财务部门管理系统来实现,行为控制管理涉及各个系统。对财务部门管理系统要建立价值管理制度及行为管理控制制度。此外,管理层应建立各系统之间的信息沟通与交流制度,如授权审批管理系统与财务部门管理系统之间的审批与审核信息沟通,内部审计监督控制系统与授权审批管理系统和财务部门管理系统之间的监督与被监督的信息沟通等制度。

俗话说"没有规矩不成方圆",健全的规章制度,是进行财务管理活动的前提。高校财务管理活动的各个环节,都必须建立健全规章制度。

二、授权审批管理系统创新

授权审批是高校财务管理的一个重要环节,直接影响高校财务管理的效果。要建立和运行高校授权审批管理制度。必须搞清有关授权审批和审批管理制度的基本概念。

（一）建立分级审批管理

以两级管理为例,本节主要讲述如何建立高校分级审批管理。高校建立分级审批管理就是对审批人、审批事项的审批级次、审批限额、审批责任等构成要素进行符合高校实际情况的制度设定。将审批管理制度进行分类。有利于高校选择适合本校实际情况的审批制度类型,建立自己的审批管理制度。

（二）支出审核原则和注意事项

1.支出审核的原则

财务部门应根据各类经费使用范围的特点,把"事和人"相结合加以考虑,把握支出报销的原则。

2.支出审核的注意事项

财务部门及财务人员在具体报销审核操作中,要注意将"事与人"结合起来考虑,体现良好的职业道德和职业能力。

系统设置控制是利用现代信息技术为财务管理服务的、人为因素最少、最有效的控制手段。高校支出的财务管理系统设置是通过财务软件进行的。在账务系统支出设置中,每一经费项目的支出范围和支出内容都是通过在项目中设置科目代码进行自动控制的。系统设置控制与支出经费的来源密切相关,每项支出都要根据预算的支出内容和范围进行控制,而这一控制手段主要是通过对财务系统的设置来实现的。设置预算经费大类支出科目,可以控制支出的范围;设置预算经费明细科目,可以更加具体地控制支出结构和支出内容;设置预算经费金额,可以控制超预算的支出;对于没有设置科目的项目,支出系统会提示不能列支,从而实施对支出完全控制。

三、内部审计监督控制系统创新

内部监督是指由高校内部进行的内部审计监督活动,包括管理层监督、内部审计监督和纪检监察监督等。与管理部门的监督相比,内部审计部门在整个高校内部审计监督活动中发挥着至关重要的作用。

(一)内部审计监督的工作目标与要求

《教育部直属高校经济活动内部控制指南(试行)》明确规定:高校财务活动内部审计监督是指教育、财政、审计、纪检监察及高校内部审计与监察部门,对高校内部控制建立和实施情况进行的监督。审计监督的工作目标是审查和评价组织内部控制的设计和运行的效率,围绕着内部控制的建立与实施来确定具体审查和评价的内容。

根据内控规范的规定,单位在健全内部控制时首先必须明确内部审计监督机构,这一机构一般来说是单位的内审部门,也可以由委托纪检监察等有关部门或外部机构承担审计监督任务。其次要明确内审机构的职责权限,再次要规范相应的程序、内审方法以及要求等,防止内审监督形式化。根据《行政事业单位内部控制规范(试行)》的精神,内审机构的权力应该独立于内部控制制定和执行层,应直属内部控制规划决策层。

内部审计监督的方法多种多样,有一系列监督方法和工具可供使用,与内部控制评价方法大致相同。高校可以根据监督目标选择合适的监督方法,或者将几种方法结合运用,达到内部审计监督的目的。

内部审计监督的难点是评价,评价的难点是确定有效的评价标准。确定了检查和评价的标准后,就要把内部控制工作的实际结果与效果标准和作业标准加以比较,如果低于标准,就要加以纠正,或者调整标准。

(二)高校内部审计监督创新的措施

1.建立高校内部监督体系

尽管学校校级党政领导都有明确的职责分工,责任重大、工作繁忙。

但是,学校校级管理层是学校内部控制有效性的最终责任者。高等教育体制的改革,使高校的办学自主权增大,国家对教育经费的投入也在不断增多,为此,学校校级管理层可以通过设立专门的机构来全面负责学校的内部监督工作,这也是内部监督体系能够发挥作用的基本保证。对学校内部控制进行设计、监督、评价,是十分可行的,也是十分必要的。

学校内部的工会、职代会、学代会、教授会、纪检、监察等机构在履行监督职责时,对内部控制也负有一定的监督职责。教授会作为学校学术权力机构,对学校内部控制也具有监督作用。纪检、监察部门是党委领导下的对党组织、党员、干部廉政情况进行监督、检查的部门。

2.校务公开,提高管理透明度

随着高等教育改革的不断深入,社会对高校的一些活动产生了强烈的监督意识,比如教育收费问题。各高校对这些需求也给予了基本的回应,比如各学校进行了广泛的校务公开工作,以提高学校管理的透明度。校务公开作为监督学校管理的一项内容,也是学校内部控制的一个环节,借助校务公开,推进学校改革、建设、发展,推进学校的廉政建设,推进人们对学校管理活动的监督。

通过财务管理公开,推动财务管理的规范化。财务工作报告,要在学校教职工代表大会上通报;学校的收费项目、标准、依据、范围,要在学校公布栏中张贴;教职工补贴发放标准、办法,由人事处提交教代会通过等。通过这些做法,实现了教职工对学校财务管理的监督。

通过物资采购情况公开,提高采购工作的透明度。通过采购计划、采购方式、使用效果的公开,提高学校物资采购管理的规范化,也促进了教职工对学校资产管理的监督。

通过建设工程项目的公开,提高公众的监督、参与意识。基建工程项目公开包括基建、修缮工程项目的设计方案的征集、讨论;资金来源;计划总投资,建筑面积;招投标情况;竣工决算情况等内容的公开。通过公开,增强了教职工参与学校管理的意识,也实现了教职工对学校基建管理的监督。

通过科研立项、结果的公开,提高公平竞争力度,减少学术腐败,促进教师积极开展科学研究。科研立项、结果公开包括:科研项目申请情况的公开;科研立项的题目、承担人、项目金额的公开;科研项目结题情况的公开;科研项目评奖结果公开;绩效评价结果公开;社会转让情况公开。公开,激励了教师积极参与科学研究,创建了学术自由的氛围,也实现了对于科研项目管理的监督。

公开管理信息是社会民主化进程的必然要求,随着社会公众对高等教育关注度的提高,高校的校务公开的内容会不断增加。在现阶段下,学校可以根据自身管理情况,有条件、有范围、有针对性地进行校务公开。校务公开,构建了监督控制的管理环境,也进一步完善了学校内部控制中的监督机制。

3. 发挥社会监督作用

高校内部监督体系的监督属于内部人监督,当遇到关系到学校声誉等敏感问题时,内部监督机构对于问题的判断可能会带有一定的倾向性,会弱化监督的作用。而社会监督属于真正的外部人监督,不会受内部倾向性的影响,监督具有很强的独立性、客观性。

社会公众、社会中介机构是独立于学校之外的社会民众、专家机构,属于社会监督机构。如高等教育评估机构、会计师事务所、资产评估机构、报刊等社会舆论机构。社会机构独立于高校之外,其公平、公正、客观是他们服务社会的基础要件,其理智性、客观性,可以弥补高校内部监督人员监督不够"彻底"的缺憾。

学校可以定期或不定期地委托社会中介机构对高校的内部管理状况进行监督。借助社会监督机构的专业、职业能力,发现管理漏洞,降低内部群体舞弊案件发生的概率,加强内部控制,提高管理水平。比如可以借助会计师事务所,对学校的财务状况进行审计监督,检查、审核、确认学校的财务管理情况。可以由上级教育行政主管部门牵头,从各高校中抽调审计人员定期或不定期地派出审计组,审核、监督高校的资产管理情况。可以借助教育质量评估机构,对学校的办学质量进行评估、分析,对学校的办学状况有一个客观的评判,更好地提高教学质量。[①]

通过借助社会专家的力量,监督学校的内部管理情况,不仅可以发现学校管理中的不足,防患于未然,还可以使学校高层管理者对学校的内部管理情况有一个基本的、全面的、客观的认识。内部监督与外部监督相互结合,形成高校有效的监督机制。

---

① 陈竹.高校内部控制分析与设计[M].北京:兵器工业出版社,2005.

4.保证信息沟通渠道的畅通

内部审计监督的有效与否,有赖于有关方面能否进行充分、有效的信息沟通。一方面,学校内部监督部门之间需要充分的沟通,以提高监督的效率、效果;另一方面,公众对监督结果知情权的需求在不断增加,要求能够及时公布监督结果,实现学校与公众的有效沟通。因此,加强内部监督机构之间的沟通、提高监督结果的公知性,是做好内部审计监督的必要环节,而保证这两个环节的基础是保证信息沟通渠道的畅通。这也是为什么信息与沟通成为贯穿于内部控制五个要素之中的原因所在。

(1)提高内部监督机构之间的信息沟通参与学校内部审计监督的机构、人员很多,每个机构、人员都在依照所在机构的职责实施着监督行为,而并不了解机构外的其他人的工作情况。同时,并不能保证每个机构的每个人员,都能够全面了解学校内部监督的方式、程序、要求以及所采取监督方式可能存在的风险。通过有效的信息沟通,可以减少误解,降低重复性工作,提高监督效果。

(2)建立监督结果公布的信息交流渠道内部监督的目的就是要提高组织内部自我完善、自我约束的自我管理能力,如果监督的结果无人知晓或很少的人知晓,在某种意义上说,就没有达到自我约束的目的。另外,从管理学的角度来说,如果信息不能通过正式的、正规的渠道传递的话,非正式渠道、小道消息就会满天飞,不准确的信息可能就会占据信息源的主流。同时,含糊的、有歧义的披露,也会导致各种不同解释的泛滥。因此,通过正式的渠道、正规的方式公示监督结果,是实现监督目的、保证监督效果不被曲解的有效方式。在现阶段,学校可以根据自身管理的特点和需要,在保证学校稳定、发展的前提下,有选择性地进行监督结果的公示,以促进改善内部管理,提高内部控制。

四、财务部门管理系统创新

高校财务管理的发展最引人瞩目的是财务管理的信息化。高校财务管理信息化体现在两个方面:一是财务辅助管理信息化。网络技术和校园网建设为财务管理提供了信息沟通和交换的平台。财务信息发布和数据查询,从传统的纸质的人工传递发展为网络传递和系统自动查询;校园卡的使用,解决了校内零星收入无现金化管理的问题,增加了财务管理手段;财务管理系统与银行联合,实现了"无现金报账""电子转账"等网上银行结算,提高了财务管理水平。二是财务管理信息系统功能多样化。随着计算机技术的进步,"高校财务管理系统"已由原来单纯的电算化核算功能,升级发展为集收支核算分级管理、预算控制、报表生成和其他软件接入等功能为一体的多功能管理系统,有利于提高管理的质量和水平。

第五节

加强高校财务管理的对策

高校财务管理对策是一个动态的课题,其研究内容主要包括:财务管理的内涵承载与外延拓展,财务管理的生存路径与环境影响,财务管理的缺失问题与现存困难,财务管理的施政能力与智慧谋略,财务管理的体制建设与水平提升等。

一、高校财务管理对策的多种类型

(一)柔中有刚,中庸平和型

对于有关科研横向课题,院系创收分成的福利基金、发展基金,代管、自收自支的经费等发生的经济事项,财务部门采取的管理方式是柔中有刚,趋于平和,但坚持审批程序到位,票据合法,用途基本合理。

(二)抬头看路,政治智慧型

对于公共卫生突发事件,抗震救灾,学生政策性生活补助,党中央开展的各项政治活动等工作,财务部门有政治头脑,看清形势,顾全政治大局,充满政治智慧。不仅临时安排经费,还给足经费,不与执行部门和分管领导发生矛盾和不愉快,以免造成不可挽回的损失。

(三)有效约束,严谨原则型

教育收费、票据管理、收支两条线、国库集中支付、小金库治理、政府采购、工程招标、代扣代缴个人所得税等问题,是具有法律法规约束的范围,不随意管理,严格执行有关规定,尤其是教育收费。

(四)善抓契机,改革创新型

财务管理要改革创新,例如会计基础工作规范化管理、预算管理、专项绩效评价、内部收入分配、业绩津贴管理等。每年争取出台一二项改革措施,不宜多,因为一多容易引起众多关注,别人一时难以适应,自己也难以照顾周全。但是,不改革创新也不行,人家说你没有开拓精神,要善于抓住契机适时出台相关措施。

二、加强高校财务管理的对策

高校财务管理对策,就是学会在改革、稳定和发展的大环境中有尊严地生存;合力构建良好的经济秩序和财务管理平台;善于在各项事业、各类群体与财务的矛盾中自由地周旋;运筹帷幄,全力提供学校正常运行的资金保障;严密防范内在、外在、潜在的各种资金风险;竭诚为教学、科研、行政、后勤、学生等做好各项财务服务。

（一）充分利用各类会计信息

会计信息是财务管理的载体、谋略的基础，学会分析，善于利用，充分享用各类会计信息。

1.掌握外部层级需求，提供准确会计信息

上级主管部门需要的信息：如省教育厅、财政厅等需要的高校年度财务预算、财务决算系列报表等。

校级领导需要的信息：本年度财务预算总盘子及支出安排；年度财务收支决算；基本账户账面资金余额；银行贷款状况；财政拨款及专项资金收入；生均定额拨款标准；博士点、硕士点建设及重点学科经费；办学成本与效益分析；人员经费及人均收入；同等规模学校、同类型学校的相关会计信息等。

机关部、处长需要的信息：本部门经费项目预算安排额度；所属各项目经费日常收支动态等。

院系领导需要的信息：本单位教学、科研、学科建设等经费的到位及支出情况；所属各项目日常收支动态；学校的收入分配政策；职工福利收支明细等。

其他层次人员需要的信息：科研项目、专项及各类课题收支情况。

2.关注影响范围，分析运用会计信息

宏观信息：指影响学校整体范围，与事业发展有关的并具有战略意义的资金运动信息，例如重大基本建设项目及经费投入；重要设备及图书购置资金投入；引进人才安家费、科研启动费、出国培训及国际文化交流经费等。对于宏观信息财务负责人须随时掌握。

中观信息：指影响学校整体的短期内资金运动的会计信息。主要是教学、行政运作日常成本开支信息，主要有人员工资性支出；教学、科研、管理、后勤支出；水电、交通、邮电、办公等运作支出；生均教育成本统计资料；教职工人均收入；教学四项经费统计资料等。对于中观信息财务部门须准确提供。

微观信息：主要指具体到某个单位、某个项目、某个人的财务运行信息，如单位福利、发展基金开支信息；学生缴交学杂费信息；各项收费标准，教职工科研课题经费收支明细，个人工资、公积金、缴纳个税情况等。对于微观信息财务部门要及时更新。

3. 根据汇总加工程度,遴选会计信息

评估类信息:如年度财务收支预算、决算资料;年度财务分析报告;年度预算执行情况;重大投资效益分析、基建项目投入产出等。

检查类信息:如实施操作的制度规定、收入分配比例、收费政策、票据管理执行情况、重大经济事项会议纪要等信息。

专业类信息:专项资金绩效报告;本科教学评估四项经费;各级行政领导离任审计等。

高校财务部门是掌握各类会计信息源泉的唯一部门,面对频频产出的量足且广泛的会计信息,我们是视而不见还是充分享用?是主动提取会计信息,书写出有分量的分析报告,提供决策依据,还是时常被动地加班加点为他人提供会计信息?是利用会计信息主动推动工作开展,还是陷入忙忙碌碌的事务中无所作为?是在诸多事务中享有充分话事权,还是一问三不知,时常靠边站?这些都值得我们对会计信息的潜能重新进行认识。

(二)资金运作是高校财务管理的核心

资金运作是财务管理的核心、谋略的保障,能充分显现资金运动方面的绩效。手中有钱,遇事不慌,财务处要义不容辞地为学校留足运作资金。高校资金运作通常情况是上半年支大于收,5—7月资金运作最紧张,如果运作的不好,资金就会掉链。

一般来说,在经费紧张的情况下,资金运作要打时间差,付款要分轻重缓急,该付出去的工程款、设备购置款等,能晚则晚,不要盲目急着付出去;该收回的各种款项,越早收回越好。校办产业上缴可与学校支出互抵;科研经费、专项基金除用来周转还要利用闲置资金增值等。如政府贴息贷款,如能一次提取分次付款,几个亿以上的资金一年可获得几百万元的利息收入。如果刚从银行提款不过夜就急于付出去,就不会有资金效益。如学校的资金应视情况能先用国库支付的指标,尽可能先用,学校自筹的经费留在最困难的时候用,一般不要垫付国库指标的经费,即便必须先垫付的资金,也要用合法的变通的办法归垫回来。

（三）预算管理是高校财务管理的重点

预算管理是财务管理的重点、谋略的资源，能充分体现预算管理对促进和谐发展的价值。

1.财务预算实行公开操作

使预算编制的初始和决定过程，更公开、公平、公正。每所学校在编制预算时，往往历经讨价还价的痛苦，对于核减一些报大数、不合理和带盲目性的预算项目存在一定困难，为了保障学校集中财力办大事，同时又节省时间，化解人为因素，建议组织多部门参与编制预算，公开操作，提高编制预算的透明度，减轻财务压力。

2.重点实施零基预算、定额预算、绩效预算、和谐预算

改革创新，引入零基预算、定额预算、绩效预算、和谐预算的理念，使预算项目的确定和资金的投入量，更实效、合理、科学。

（1）囊括全部财务收入，实行零基预算，使财务预算成为大口径，全方位地充分展示了学校的财力、用途所在，使预算收支趋于平衡。学校财务预算所列的收支应全部在广大教职工的监督视线范围内。

（2）逐步改变经费切块实行定额预算，加强以定额为计算基础，改变过去以基数加发展的切块办法，改变人为争取经费的办法。一是公用经费预算，总量以上年实际发生数减少 15% 作为控制数；二是部门归口以项目合理和需求申报经费，须进行公开答辩，逐项进行审核；三是机关部处行政办公经费，实行定额预算，以示公平。

（3）建设节约型校园，实行绩效预算，根据节能目标和项目投入产出目标，编制绩效预算，使资源浪费的现象得到有效遏制；建立能耗统计体系，加强节能采购规范化建设和建筑节能改造工作；严格控制办公楼项目建设，制止奢侈浪费等不良现象；严把会议、考察、出国等审核关，切实做到以较少的投入获得最大的效益。

（4）统筹兼顾，实行和谐预算，构建和谐校园是一项系统工程，任务十分艰巨，方方面面都需要资金来支撑。因此预算管理在构建和谐校园中具有积极的作用。编制预算要坚持统筹兼顾，既支持强势项目，又扶持弱势群体；既有重点投入，又有安抚政策。充分利用资金投入预算来平衡教育资源的分配，以实现学校和谐发展。

（四）充分利用财务管理的平台

运筹帷幄是财务管理的本职、谋略的手段，充分利用财务管理的平台推动教育事业发展。古训告诉我们"不谋全局者不足谋一域"，就是说要讲全局、懂全局、谋全局。财务管理讲的就是集中智慧，顾全大局，运筹帷幄，拿出高水平，平衡各方利益关系，缓解资金矛盾压力。

1.正确处理事业发展需要和资金供给的关系

从一定意义上讲，高校事业发展对资金需求的无限增加，与学校可筹得资金供给的有限增加之间永远是一对矛盾。不存在绝对意义上的资金供给完全充分。资金有限、投入不足一直是高校财务工作中一个十分突出的问题。因此，学校在事业发展的目标选择和定位方面，资金投放力求目标明确，避免多目标分散化；力求定位恰当，集中资金、分阶段早见成效；避免投资周期过长，产出效益不高。

2.正确处理社会效益和经济效益的关系

高校作为为国家培养高级专门人才和进行科学研究的事业法人单位，其效益主要体现为两大方面。一方面是社会效益，一方面是经济效益。在总体上，财务管理应以追求社会效益为主，加大对教学、科研的投入，以培养出合格学生和创造合格的科研成果，使学校在社会上产生一定的影响力。同时，学校在对外投资、经营性活动中，要追求一定的经济效益，以便争取更多的资金用于发展事业。

3.正确处理国家、集体和个人三者利益的关系

高校经济活动中涉及的国家、集体和个人三者利益关系实际上是一种物质利益关系。国家是高校的投资主体，必须维护国家利益不受侵蚀和损害。学校是集体利益的集中代表，个人是学校工作的直接劳动者和学校财富的直接创造者。财务管理要在经济利益和物质分配方面，着力解决积累与消费、长远与眼前、全局利益与局部利益的平衡关系，反对将国家利益单位化，单位利益部门化，部门利益个人化，同时反对将生产性资金转为消费性资金。[①]

---

① 黄永林.高师财务管理研究第9辑[M].武汉：华中师范大学出版社,2011.

（五）运用"公共关系"理论打造财务管理和谐局面

高校财务公共关系是一种新型的理财思想或者是一门新的财务管理哲学，必须打破利益关系上的自我中心主义。高校财务公共关系是指高校财务部门为了维护高校财务管理活动，在与高校内外部公众开展经济活动的过程中，所进行的双向交流沟通活动，以建立和达到相互了解、信任和支持的合作关系。

内部公共关系包括：财务部门与学校组织内部其他部门及其职工、在校学生的公众关系。这是财务部门服务本校全体师生员工、其他部门经济活动产生的公众关系。内部公共关系的维系主要从转变财务人员机关工作作风入手，做好会计服务、管理服务、网络服务。外部公共关系包括：财务部门与学校组织外部如政府部门、兄弟院校、金融机构、社会组织等之间的公众关系。

高校的财务管理要想做得出色，必须得到与其自身直接发生财务关系较多而影响又较大的外部公众的支持、帮助和监督，如教育主管部门、财政、审计、物价、税务、银行等相关部门，与这些部门的公共关系状况如何，直接影响到高校财务管理的成功与否。处理好高校财务部门与这些组织的关系，有利于争取学校外部环境的支持。

（六）运用"三十六计"的理念创新财务管理思路

毛主席曾说，"在战术上要藐视敌人，在战略上要重视敌人"。实践证明，指挥员运用一项好的战术，可以解决一场战斗；谋划一个好的战略思想，可以解决一场战役。

"三十六计"是根据我国古代卓越的军事思想和丰富的斗争经验总结而成的兵书，是中华民族悠久文化遗产之一，是中国谋略智慧的精髓，它不仅是兵家克敌制胜的必懂计谋，更是中国人无形的"智慧长城"。它既适用于具体的战术，也适用于重大的战略决策，各行各业的人都能从中找到成功的秘诀。今天，"三十六计"已远远超出军事斗争的范畴，被广泛地应用于生活中的诸多领域。唯有懂得"三十六计"的精妙，才能真正理解中国人的行为方式和思维方法；唯有掌握"三十六计"，运用"三十六计"，才能让你即使在最艰难的时刻，也能尽显英雄本色。

说古喻今,借用古人"三十六计"的计谋思路,想象财务管理在处于不利情况下应该怎么做?处于优势情况下又该怎么做?财务管理坚持原则下还要灵活应对,处理棘手问题避免单枪匹马地作战,要用谋略来协调。

如对于违反财经纪律的单位,借纪检监察审计的力量;对于违反财务规定的干部,借组织部的力量;对于福利待遇方面的问题,借工会的力量;对于收入分配的问题,借财经小组的力量等。总之,要因地制宜、因人而异,不能简单处事,眉毛胡子一把抓。

(七)运用"破窗"理论完善财务管理体制

"破窗"理论是由美国的犯罪学家詹姆斯·Q.威尔逊和乔治·克林提出来的。威尔逊和克林认为,犯罪是秩序混乱的必然结果。一扇破的窗户,或者是一个脏乱的公共场所,容易引起人们的消极猜测:即使做了违法的事情,也不会有事;而完整的窗户,或是有序的环境,则给人以积极的影响,它无言地告诉人们,别干坏事,有人在注意你呢!"破窗"理论还揭示了"破窗"现象背后的从众心理,只要有一扇窗户破了,如果不及时修好,就会很快引发第二扇、第三扇窗户被破坏,从而导致更恶劣的事件发生。如有的学生欠缴学杂费,本来有些害怕,但看到许多学生欠费,就心安理得反而觉得无所谓了,有的甚至恶意欠费,学校如果不下决心采取有效措施清理欠费,结果是欠费者越来越多。

"破窗"理论的贡献在于,提醒我们一些重大问题的发生可能只源于不为人所注意的细小事件,并揭示了细枝末节问题的处理对重大问题的解决,可以起到"四两拨千斤"的作用。运用"破窗"理论加强财务管理体制建设,建立各级经济责任制,维护秩序井然的经济环境,就会减少或没人敢冒风险做违规事情。

(八)运用"水桶定律"提升财务管理水平

"水桶定律",又称短板理论,是由美国管理学家彼得提出的。说的是由多块木板构成的水桶,其价值在于盛水量的多少,但决定木桶盛水量多少的关键因素不是其最长的板块,而是其最短的板块。若要使此木桶盛水量增加,只有换掉短板或将短板加长才成。若仅仅作为一个形象化的比喻,"水桶定律"可谓是极为巧妙和别致的。但随着它被应用得越来越频繁,应用场合及范围也越来越广泛,已基本由一个单纯的比喻上升到了理论的高度。

这由许多块木板组成的"水桶",不仅可象征一个企业、一所学校、一个部门、一个学科,也可象征某一个员工,而"水桶"的最大容量则象征着整体的实力和竞争力。如果把学校的内部管理比作板块长短不一的一只木桶,而把学校的教学或者科研比作桶里装的水,那影响学校办学水平高低的决定性因素就是最短的那块板,最短的板可能是班子不团结,或是人才短缺,或是部门之间协调问题等。如果把学校的各种资源比作长短不一的木板,例如教学、科研、专业、学科、管理、质量等,为了做到木桶"容量"的最大化,就要合理配置学校内部各种资源,及时补上最短的那块"木板"。

所以,木桶有大小之分,木桶原理也有整体和局部之分,我们所要做的事情就是找到象征财务管理的这只木桶,然后找到那块最短的板,也就是要找到财务管理的最薄弱环节,加高它,加强它,才能容纳更多的新理念、新技术、新知识,以提升整体财务管理水平。

第四章

高校审计管理内容

当前,国家对高等教育的资金投入日益增加,高校办学模式的变化、教育经费来源多渠道化、高校后勤产业化等新生事物的出现,使得高校内部审计环境也相应地发生了变化。面对这种新形势、新需要,高校管理人员要更新思维模式,创造性地开展内部审计工作,对于建立一个有序的高等教育机制,促进高校健康发展有着重要的作用。

高校内部控制审计

一、高校内部审计概述

（一）中国内部控制审计的发展历程

1996 年 12 月 26 日，中国注册会计师协会的《独立审计具体准则第 9 号——内部控制与审计风险》（会协字〔1996〕456 号）第五条规定："注册会计师编制审计计划时，应当研究与评价被审计单位的内部控制。"

2001 年 1 月 31 日，中国证监会《证券公司内部控制指引》（证监发〔2001〕15 号）第二十八条规定："内部稽核（审计）部门独立于公司各业务部门和各分支机构以外，就内部控制制度的执行情况独立地履行检查、评价、报告、建议职能，并对董事会负责。"

2001 年 6 月 22 日，财政部的《内部会计控制规范——基本规范（试行）》（财会〔2001〕41 号）第二十七条规定："对内部会计控制的执行情况进行检查和评价。"

2002 年 2 月 9 日，中国注册会计师协会的《内部控制审核指导意见》（会协〔2002〕41 号）第二条规定："本意见所称内部控制审核，是指注册会计师接受委托，就被审核单位管理当局对特定日期与会计报表相关的内部控制有效性的认定进行审核，并发表审核意见。"

2002 年 9 月 7 日，中国人民银行的《商业银行内部控制指引》（〔2002〕第 19 号）第一百三十二条规定："商业银行应当指定不同的机构或部门分别负责内部控制的建设、执行和内部控制的监督、评价。"

2003 年 12 月 15 日,中国证监会的《证券公司内部控制指引》(证监机构字〔2003〕260 号)第一百三十八条规定:"证券公司应积极配合中国证监会及外部审计机构对证券公司内部控制情况的检查和评价,不得以任何形式干预、阻挠。"第一百三十九条规定:"董事会负责督促、检查和评价证券公司各项内部控制制度的建立与执行情况,对内部控制的有效性负最终责任;每年至少进行一次全面的内部控制检查评价工作,并形成相应的专门报告。"

2007 年 7 月 3 日,《商业银行内部控制指引》(银监会令 2007 年第 6 号)第一百三十二条规定:"商业银行应当指定不同的机构或部门分别负责内部控制的建设、执行和内部控制的监督、评价。"

2010 年 4 月 15 日,《企业内部控制审计指引》(财会〔2010〕11 号)第二条规定:"本指引所称内部控制审计,是指会计师事务所接受委托,对特定基准日内部控制设计与运行的有效性进行审计。"

2011 年 10 月 11 日,中国注册会计师协会印发了《企业内部控制审计指引实施意见》(会协〔2011〕66 号),对企业内部控制审计的业务约定书签订、计划审计、实施审计、连续审计、集团审计、控制缺陷评价、完成审计、内部控制审计报告、整合审计以及记录审计等作了具体的规定。

2014 年 9 月 12 日,《商业银行内部控制指引》(银监发〔2014〕40 号)第三十四条规定:"商业银行内部控制评价是对商业银行内部控制体系建设、实施和运行结果开展的调查、测试、分析和评估等系统性活动。"

(二)我国高校内部审计工作发展历程

1985 年,我国高校内部审计工作拉开序幕。之后,在 20 世纪 90 年代,国家教委相继颁布《教育系统内审规定》《教育系统内部审计工作规定》,高校内部财务收支经营变得有法可依。

2004 年 4 月,新的《教育系统内部审计工作规定》发布,明确要求高校承担起评价高校经济活动、指引高校后续改善管理工作的任务,促进了高校内部审计职能的发展。

2009 年,《内部审计实务指南》出台,首次提出高校内部审计职能应由监督转变为管理服务。高校内部审计应充分发挥控制、管理、决策和咨询等作用。

2013 年 8 月,《内部审计准则》发布,预示着我国开始重视内部审计在组织改善、风险管理中的作用。

2014 年 12 月 9 日,财政部印发的《高等学校财务报表审计指引》第五章"了解内部控制"中指出:"内部控制包括控制环境、风险评估过程、与财务报告相关的信息系统(包括相关业务流程)与沟通、控制活动、对控制的监督五要素。"

2015 年 2 月 9 日《教育部关于加强直属高等学校内部审计工作的意见》(教财〔2015〕2 号)第 9 条规定:"组织开展单位层面内部控制审计。应对单位层面内部控制进行全面调查,了解控制环境、风险评估、控制活动、信息与沟通、内部监督等内部控制要素。"

2015 年 3 月,《关于加强直属高校内部审计工作的意见》下发。该意见强调高校应加强内部审计工作,充分发挥内部审计的作用。

伴随着高校规模的不断扩大和高校竞争的加剧,高校内部审计风险逐渐增大,因此,高校内部审计必须向风险管理导向审计转型。

(三)高校财务内部控制需要内部审计助力

在高校财务内部控制环境中,高校内部审计发挥外部监督作用,影响高校财务内部控制环境的宏观生态。由此可见,高校财务管理内部控制环境建设离不开内部审计。

高校内部审计从高校全局出发,时刻关注内部控制制度和财务报告,关注高校风险管理,关注审计风险。高校内部审计协助风险管理部门做好风险诊断和分析,改善风险管理,加大流程控制力度,从而提高高校风险管理效果。同时,高校内部审计帮助高校全面开展风险防控管理,为高校战略规划提供相关资料并提出建设性意见。总之,在风险管理领域,高校内部审计充分展现自身的优势,提供广范围的服务,从确认、评价职能到提供增值、咨询服务等,不断促进高校实现战略目标。

二、内部控制审计的内容

考虑到内部控制的基本范围和高校的当前情况,这里所界定的内部控制主要包括教学管理、科研管理、财务管理、资产管理、采购管理等业务活动的内部控制。

控制环境构成一个组织的内部控制氛围,反映组织内部人员特别是管理层对内部控制的态度,是内部控制其他组成要素的基础。

风险管理是对影响组织目标实现的各种不确定性事件进行识别与评估,并采取应对措施将其影响控制在可接受范围内的过程。风险管理旨在为组织目标的实现提供合理保证。风险管理包括目标设定、风险识别、风险评估、风险应对等主要阶段。目标设定是指明确风险管理的目标,这个目标是多元化的,既包括经营目标,也包括合规性目标等。风险识别是指对各项业务开展过程中可能面临的风险因素进行识别,既包括对内部风险的识别,也包括对外部风险的识别。风险评估是指对已识别的风险发生的可能性及其影响程度进行分析,基于成本效益原则,确定应重点关注和优先控制的风险。风险应对是指通过建立和实施包括风险预警机制、控制机制、应急机制等风险管理机制,将评估出来的风险控制在可接受的范围内。

控制活动是指对所确认的风险采取具体的措施进行控制,以保证组织目标实现的政策和程序。一般来说,我们所能够观察到的内部控制多数属于控制活动,在进行内部控制审计时,主要是对控制活动的审计。

信息与沟通是指组织通过所建立的信息系统为管理提供信息,并实现信息的传递与沟通。信息与沟通主要包括信息的及时、准确、完整获取;信息的有效传递,信息的安全等。

监督是指监督内部控制实施的过程,包括内部审计机构实施的独立监督和管理层对内部控制的自我评估。

本节我们主要对教学活动内部控制审计和物资采购内部控制审计作简要介绍。

(一)教学管理内部控制

1.教学管理的控制环境

对教学管理控制环境进行审计时,应重点审查和评价以下几个方面。

（1）对管理层理念及组织文化的审查和评价。内部审计人员应在了解管理层理念的基础上关注教学管理部门是否有明确的教学发展规划或目标，并有具体可行的操作计划；各项教学管理制度建设是否健全，是否根据情况变化及时进行修改。高校教学管理理念应适应学校的发展和外界环境的变化，逐步建立以提高教学质量、提升教学服务为重点的文化氛围。

（2）对组织结构的审查和评价。内部审计人员在审查组织结构时，应关注学校是否设立了合理的教学管理组织机构，有关教学管理的重大事项是否经过集体讨论决策，并形成相关记录。高校教学管理机构包括本科生教学管理部门、研究生教学管理部门、继续教育管理部门。

（3）对职责分工及人员胜任能力的审查和评价。内部审计人员应审查教学管理各组织机构的职责分工是否明确；管理层的分工是否明确，是否严格在授权范围内处理相关事项；各执行部门职责及岗位职责是否明确，不相容的职责是否进行了分离，相关业务处理流程是否清晰。

（4）对人力资源政策及其执行、诚信与道德的审查和评价。内部审计人员应关注学校是否依照有关程序对员工进行招聘和培训；考核激励机制是否切实可行，是否严格执行；是否制订了从业人员职业道德规范，职业道德规范的内容是否明确、切实可行，并得到有效执行。

2.教学管理的风险管理

教学管理风险管理的审查，主要是依据"目标设定—风险识别—风险评估—风险应对"的风险管理程序来开展的。

（1）目标设定是否明确并切实可行。内部审计人员应关注学校及院系是否设定了风险管理的目标，该目标是否清晰明确且切实可行。风险管理的目标应该与学校教学管理的目标相匹配。

（2）是否建立识别教学管理风险的适当机制。内部审计人员应关注学校及院系是否建立识别教学管理风险的适当机制，对学历教育乱收费、教学和学生资助经费乱使用，非学历教育乱办班、乱收费、乱发证等潜在风险是否建立有效识别机制。

（3）是否建立适当的风险评估机制。内部审计人员应关注学校及院系是否在风险识别的基础上，由适当层次的管理部门建立教学管理风险的评估机制，对教学管理风险的评估是否全面、适当，是否通过对识别的风险进行评估后，确定应重点关注和优先控制的风险。

（4）是否建立风险应对措施。内部审计人员应关注学校及院系是否对已评估的风险及时进行应对，是否建立教学管理风险的控制机制，包括风险管理的预警机制、监控机制、应急措施等。

3. 教学管理的控制活动

教学管理是指通过一定的管理活动，使教学活动达到学校既定的人才培养目标的过程，教学管理一般包括教学计划、教学运行、教学质量管理与评价等活动，涉及招生、专业、教材、实验室、实验基地、教学队伍、合作办学、校际交流等多项业务活动。内部控制的审计主要是对与学校资金、资产、资源利用相关的内部控制进行审查和评价。因此，在对教学管理控制活动进行审查时，主要关注教学管理活动中与资源利用有关的关键控制点和控制活动。这些关键控制活动包括招生、教学实验基地建设、校际交流、合作办学、证书管理、助教、助研、助管、教学经费管理。

4. 教学管理的信息与沟通

对教学管理信息与沟通的审计是指对教学管理内部控制相关信息的获取与处理、传递与沟通以及安全保障的审查和评价。

（1）对信息获取与处理的审查和评价。内部审计人员应审查信息是否及时、完整地获取与处理，包括审查是否已建立完善的教学管理信息系统，系统数据是否能满足管理层的需要，信息录入流程是否清晰，是否及时更新，以确保获取的学生信息能及时、真实、完整地反映现状；对重大决策是否形成会议记录，会议记录是否完整；各项制度及签订的各项协议是否装订成册，是否根据情况变化及时进行修订。

（2）对信息传递与沟通的审查和评价。内部审计人员应审查教学管理内部控制相关的信息在学校各部门是否有效传递和沟通。传递和沟通途径既包括纵向的，也包括横向的。主要涉及教学管理信息系统是否定期形成一定的报表，报表内容的设计是否合理，是否将上述报表报送相关人员；是否依据相关规定将有关信息在一定范围内进行公告；教学管理信息系统与财务信息系统相关数据是否一致。

（3）对信息安全的审查和评价。教学管理信息有效获取及传递的同时，还需要保证教学、学生信息的安全，内部审计人员在审查各管理信息是否安全时，应主要关注信息系统开发与维护、访问与变更、数据输入与输出、文件储存与保管、网络安全等方面的控制。包括信息系统修改是否得到授权,对有关信息的接触是否设置相应权限,维护和管理人员是否具备一定资质等,以保证信息系统安全稳定运行。

5.教学管理的监督

对教学管理监督的审计是指对教学管理部门是否进行自我评估、是否对所发现的问题及时分析原因,提出整改方案等进行审查和评价。主要包括对教学管理部门自我评估和落实有关部门检查意见等两方面的审查和评价。

(二)采购管理内部控制

1.物资采购的控制环境的审计

在对物资采购控制环境进行审计时,应重点关注以下几个方面。

(1)对管理层理念及组织文化的审查和评价。内部审计人员应关注学校管理部门是否建立物资采购管理制度,是否根据情况变化及时进行修改。物资采购管理制度应该主要包括设备采购管理制度、图书采购管理制度等各类制度的制定、修改和更新。

(2)对组织结构的审查和评价。内部审计人员应关注学校物资采购的组织模式,是设立招标办公室统一组织采购还是由各部门和单位分别组织采购;是否建立了评标委员会等采购决策机构等。

(3)对职责分工及人员胜任能力的审查和评价。内部审计人员应审查物资采购的各组织机构及其职责分工是否明确,各管理人员是否胜任,物资采购管理部门与物资使用单位的职责划分是否合理等。同时,为了明确职责分工,方便采购业务的开展和明确各相关责任人职责,学校还应该针对不同的物资采购业务活动制定完整的业务流程,并为各单位及其员工所熟知,内部审计人员在审查时对这些方面应予以关注。

(4)对人力资源政策及其执行、诚信与道德的审查和评价。内部审计人员应关注学校对物资采购人员是否制定了合理的人力资源政策,对物资采购人员的职业道德是否进行了规范。具体包括通过正规渠道与平台,按照相关法定程序进行人员招聘;对新入职员工进行入职培训,对老员工也要定期组织培训。根据更新和拓展岗位知识结构,以提高岗位业务能力的需要来编制与准备培训课件；建立激励机制，赏罚分明；应该结合自身情况和特点，建立健全相适应的职业道德规范，并贯彻落实与执行，并检验执行效果。

2.物资采购风险管理的审计

物资采购风险管理的审计主要是依据"目标设定—风险识别—风险评估—风险应对"的风险管理程序开展的。[①] 基于风险管理的程序，内部审计人员对物资采购风险管理应重点审查和评价。

（1）目标设定是否明确并切实可行。物资采购风险管理的目标是为了改善采购物资的质量，降低采购成本，维护学校的合法权益，从而保障和促进学校教育事业发展。

（2）是否建立识别物资采购管理风险的适当机制。物资采购过程中可能存在的风险包括：因为违法的采购行为而受到法律法规的处罚，致使高校的经济利益和名誉蒙受损失；不经过正当正规的审批流程而私自进行采购行为，或欺骗、造假通过审批，或伪造审批手续，而导致高校发生重大经济损失；采购请购依据不充分、不合理，相关审批程序不规范、不正确，可能导致资产损失、资源浪费或发生舞弊；不按照规定的程序对采购物品进行入库验收，造成账实不符或资产损失；混淆公用账户和个人账户，付款账户与核销票据不符，而造成账面出现混乱与偏差，导致学校蒙受资金和信用损失。

（3）是否建立适当的风险评估机制。根据高校的科层制制定相对应层次的管理部门建立物资采购管理风险的评估机制，全面地对物资采购管理进行风险评估，及时发现与堵住漏洞。

（4）是否建立风险应对措施。风险应对措施包括风险管理的预警机制、监控机制、应急措施等，具体包括：对供应商的资质、信誉、财务状况进行严格的评估与审核，对供应商生产的产品和提供的服务进行专业的质量检验；对采购人员职业素养和道德品质进行考察；设计标准化的采购活动流程，并监督贯彻与执行情况；严格采购物资的验收环节，付款手续与核销票证必须齐全，采购单与验收单在采购物资的价格、数量必须一致；制定应急预案，防范因物资积压和短缺而影响业务的开展；选择备选供货商团队，采购前做询价与比价；各项风险管理机

---

① 陈伟光.教育内部审计规范 [M].北京：人民教育出版社,2010.

制是否有效执行。

3.物资采购控制活动的审计

按照物资采购业务的流程,主要对物资采购计划、价格、合同、执行等进行审查和评价。除此之外,由于物资采购过程中资金往来涉及各个业务环节,对物资采购经费的审查单独予以说明。

（1）职责分工与授权批准。对物资采购控制活动的审查和评价,内部审计人员首先应关注学校是否建立采购业务的岗位责任制,明确相关部门和岗位的职责、权限,以确保办理采购业务的不相容岗位相互分离、制约、监督。不相容岗位相互分离主要体现在下面几方面:物资采购申请与审批岗位不相容;供应商的选择与审批岗位不相容;拟订、审核与审批采购合同协议的岗位不相容;物资采购、验收与记录岗位不相容;申请付款、审批与执行的岗位不相容。另外,还需要关注学校是否建立采购业务的授权制度和审核批准制度,并按照规定的权限和程序办理采购业务。采购业务一般包括请购、审批、采购、验收、付款等。

（2）物资采购计划。物资采购计划的审计是对采购计划中所列物资价格、数量、质量、采购方式和供货商选择等真实性、合理性和有效性等进行的审计。

（3）物资采购申报价格。采购申报价格审计是对采购价格申报内容的完整性、价格标准确定合理性、申报程序规范性等进行审计。内部审计人员在对物资采购申报价格进行审计时,应该重点审查和评价以下三个方面。

第一,价格标准确定的合理性。内部审计人员应该通过内部、外部信息的收集,审查价格确定的方法及价格标准构成内容是否合理。

第二,采购申报价格的合理性。内部审计人员应重点审查是否根据不同的物资采购方式确定申报价;申报单中所列物资品种是否在采购计划范围内,是否列入采购预算;是否存在随意压价而忽视物资质量的现象;申报价是否高估虚报;申报价格是否经过合理程序进行核定。

第三,申报价格核定程序的规范性。内部审计人员应重点审查是否按照规定程序对申报价格进行核定,并在核定的价格标准范围内进行采购。

（4）物资采购合同。采购合同审计是对采购合同的合法性、完整性和有效性等进行的审计。内部审计人员在对物资采购合同进行审计时,应重点审查以下四个方面。

第一，采购合同签订的合规合法性。内部审计人员应审查以下方面：首先，应该审查供货商是否具有签约资格。比如审查供货商是否为具有签约资格的主体，是否是按相关规定确定的供应商，通过招标确定的供应商是否有中标通知书，如是定点采购，供应商是否在协议和定点供应商名单中。其次，在签订合同时，要审查合同的签订程序是否合规，采购前是否与备选供货商团队沟通，做询价与比价，是否选择最优的供货商与性价比最高的商品中，能够确认供货商的信誉和履约能力的采购物资完整档案资料是否真实、有效；是否由两人以上且具备业务能力和技术水平和业务谈判代表参与谈判。

第二，采购合同内容的完备、合法性。内部审计人员应重点审查合同内容是否完整，是否对签约双方的权、责、利做了明确规定，仔细检查合同是否存在漏洞与不平等条款，最大限度保障学校资源和利益的安全。

第三，采购合同的执行。内部审计人员审查的重点是合同的条款，包括内容是否得到全面、严格的履行，有无合同违约的情况。除此之外，内部审计人员还应该关注学校是否有经济纠纷在合同执行过程中产生，以及产生纠纷的原因、发展现状或解决措施。

第四，采购合同管理的规范性。合同是物资采购活动的依据，对合同的有效管理有利于采购全过程经济业务的开展和资金往来的结算。内部审计人员重点关注学校有无专门合同管理机构。

（5）物资采购计划执行。物资采购计划执行情况的审计是指对物资采购方式，物资验收入库时质量、价格、货款支付等业务执行的适当性、合法性和有效性进行审查和评价。

（6）物资采购经费管理。在对物资采购经费管理的控制活动进行审查时，应重点关注以下几个方面。

第一，专项采购经费是否实行专项管理，有无挪用。专项采购经费应该实行专款专用，内部审计人员应审查其开支项目是否符合相关规定。

第二，有无长期未使用的采购经费，采购经费预算是否合理。学校采购经费应纳入学校预算，并应严格按照预算执行，对未使用的采购预算经费应按规定进行处理。

第三，是否由采购人员以外的人员定期与供货商进行对账，核对采购及欠款情况。这主要是对付款业务所涉及的财务风险进行控制，通过设置定期对账的控制机制，可以确保付款业务的真实性和因采购业务所产生负债的真实合理性。

第四，物资采购的过程中对给予折扣的供货商，是否明示并如实入账，是否存在暗扣情况，收取的回扣收入是否纳入学校统一核算与管理。内部审计人员在对采购业务资金往来经费进行审查时，应特别审查是否严格执行了《教育部关于严禁直属高校在经济往来中违规收受回扣的通知》（教财〔2004〕36号）和《教育部办公厅关于加强各类高等学校教材和图书采购管理工作的通知》（教办厅〔2006〕11号），严禁在经济往来中违规收受各种名义的回扣。严禁在账外暗中收受对方单位或个人给予的各种名义的回扣、手续费，对确实无法谢绝而接受的回扣、手续费，是否全部上交学校财务管理部门管理与核算，有无私自截留、挪用或私分。

4. 物资采购信息与沟通的审计

物资采购信息与沟通的审计是指对物资采购内部控制相关信息的获取与处理、传递与沟通以及安全保障的审查和评价。

（1）对信息获取与处理的审查和评价。包括审查是否已建立物资采购管理信息系统，系统数据是否能满足管理层的需要，信息录入流程是否清晰，是否及时更新，以确保获取的采购信息能及时、真实、完整地反映学校各类物资采购情况；对物资采购重大决策是否形成完整的会议记录；各项制度及签订的各项协议是否装订成册。

（2）对信息传递与沟通的审查和评价。包括审查采购系统是否定期生成报告，是否将其向管理层提交，是否及时妥善处理管理层反馈意见；采购信息系统与财务信息系统有关数据是否一致，是否按规定程序进行信息公开；例外情况报告渠道，员工的反馈以及供货商的投诉渠道是否畅通，员工是否能在信息畅通的环境下有效履行职责。

（3）对信息安全的审查和评价。包括审查是否建立物资采购信息管理系统，信息录入流程是否清晰，是否投入充分的资源来支持对信息系统的开发和完善，对系统的修改是否得到授权，对有关信息的接触是否制订了限制规定，规定是否有效执行。

5. 物资采购管理监督的审计

对物资采购管理监督的审查是指对物资采购单位进行自我评估、落实有关部门的检查意见等两方面的审查和评价。

（1）对控制自我评估的审查和评价。内部审计人员应重点审查保证物资采购的管理程序控制是否适当合理、是否能够正常运行；评估的内容是否全面、充分并突出重点，评估的目标是否着眼于内部控制体系的健全、有效；对运行效果的评估是定期、按时进行；评估的结果和问题是否得以改正与落实。

（2）对落实其他有关部门的检查意见的审查和评价。内部审计人员应审查：采购单位能否将财务管理等部门的检查处理意见及时落实到位。

三、内部控制审计的原则与方法

在开展内部控制审计时，应考虑和遵循一定的原则和方法。内部审计人员在实施内部控制审计时应关注以下几点。

（一）成本效益原则

内部审计人员在开展内部控制审计时，应结合本校内部审计资源和实际需求，既可以对单位内部控制进行全面审计与评价，也可以对单位内部控制的组成部分进行审计与评价。

（二）内部控制审查与业务活动、财务活动审查相结合

内部控制审计存在着两种不同的审计目的：一种是为了提高会计报表审计的效率，保证审计质量；一种是为了规范业务管理，防范业务风险，帮助单位实现其目标。这里的内部控制审计主要是基于规范业务管理，是为了满足管理层通过了解各种控制制度的设置和运行情况来为其管理决策提供依据的需求而开展的审查活动。基于规范业务管理的内部控制审计，其内容不是局限于与财务报告可靠性相关的内部控制，还包括与组织各项业务有关的内部控制。因此，内部审计人员在对内部控制实施审计时，应在确定重要业务类别和业务流程的基础上，审查和评价各业务所对应的内部控制，并同时审查各业务所对应的财务活动。通过综合考虑各项业务活动相应控制机制的健全性、有效性、

所对应财务活动的合理性、规范性,以及业务控制和财务控制相互之间的衔接性来发现已存在的风险和潜在风险,以提高审计质量,促进组织内部控制体系的建设。

(三)内部控制审查与风险管理审查相结合

内部控制是一个过程,是防范风险的一种机制,它表现为系统的、动态的、主动的和持续的控制活动过程。《内部审计具体准则第16号——风险管理审计》指出,风险管理是组织内部控制的基本组成部分,风险管理的审查和评价是内部控制审计的基本内容之一,其审查和评价结果应反映在内部控制审计报告中。因此,在对内部控制实施审计时,内部审计人员应以风险为导向,通过对各项业务活动风险的识别、评估,确定各项业务关键的控制点,并根据重要性原则,对各项业务关键控制机制进行重点审查,以提高审计效率。

(四)内部控制审查与促进推动内部控制自我评估相结合

内部审计人员在实施内部控制时,可运用内部控制自我评估法,并且依据控制自我评估报告来考虑审计重点,以提高审计效率,实现审计目的。同时,通过内部控制审查中对控制自我评估的应用,进一步促进推动内部控制自我评估。

(五)依据具体情况选择审计方法

根据不同的审计对象、审计目标和所需的审计证据选择不同的方法,以保证审计工作的质量和审计资源的有效配置。内部控制审计方法一般包括询问相关人员、检查有关文件和记录、观察相关经营管理活动、穿行测试等。内部审计人员应根据实际情况,单独或综合应用这些审计方法。

(1)询问相关人员是指与内部控制相关的人员进行沟通,了解有关信息。询问是了解内部控制的一个重要信息来源,内部审计人员应该考虑询问不同级别、不同岗位的人员以获取更多有效信息。但同时应该注意,仅仅通过询问并不能为评价内部控制的健全性和有效性提供充分的依据,内部审计人员在询问的时候应保持职业怀疑态度,结合其他审计方法以获取充分有效的审计证据。

(2)检查有关文件和记录是对内部控制有关的文档和报告进行审阅和检查。观察相关经营管理活动是对内部控制的执行情况进行实地察看。

(3)观察是测试不留下书面记录的控制(如职责分离)的运行情况的有效方法。内部审计人员在实施观察的审计方法时应注意,观察提供的证据仅限于观察发生的时点,本身不足以说明控制运行的有效性。

(4)穿行测试是通过追踪交易在财务报告信息系统中的处理过程,来证实对控制的了解、评价控制设计的有效性以及确定控制是否得到执行。

第二节

高校基建管理审计

高校基本建设管理审计是以高校基本建设各环节潜在的风险为导向,以管理状况为切入点,对高校基本建设在组织决策管理、工程项目管理、资金管理中存在的风险与管理控制进行咨询、审查与评价,并及时披露与报告存在的风险,促进纠正与提高,以促进高校建设目标实现的一个内部控制过程,是集宏观决策管理咨询和微观项目控制于一体的创新审计思维在管理控制实践当中的系统运用。

高校基本建设管理审计不是事后对管理行为的盘点与总结,而是同步基本建设全过程,对客观存在的风险及相关管理行为,管理行为的效果,随时关注与纠正的动态控制行为。对于内部审计机构来讲,认识风险、预测风险、报告风险并提供合理的建议,协助(促成)决策机构纠正管理中存在的问题,是审计人员在过程中经常要做的工作。管理审计的过程就是对存在于各个管理系统中的潜在风险有一个全面认识,在认识潜在风险基础上设计标准控制方案,并与组织实际执行的管理控制方案进行比对,从而发现管理薄弱点的过程。简而言之,就是会有哪些风险,应该怎么管理控制(标准),我们是怎么做的(实务),我们的问题在哪里(纠正与改进)。其前提就是内部审计部门能够识别影响建设目标实现的风险因素。

随着我国经济的发展和国家对高等教育的重视,国家对高校的建设投资逐年增大,高校呈现出前所未有的发展局面,新建、扩建、改建的工程逐年增多,投资规模屡创新高,在这种形势下开展基本建设投资审计显得尤为重要。

一、基本建设审计的内容

高校基本建设投资审计是指审计部门根据国家和教育部相关法律法规的规定,对高校固定资产投资进行审计监督,以控制建设项目造价,降低投资风险,减少浪费,节约建设资金。

基本建设投资审计可分为三个阶段进行:事前审计,即建设项目准备阶段审计;事中审计,即基本建设项目建设过程中的审计;事后审计,即竣工决算审计。传统意义的基本建设投资审计主要是指事后审计,但随着市场经济的发展和国家宏观调控的调整,审计在国民经济生活中的作用日趋加强,基本建设投资审计也由事后审计过渡到事中,事前介入审计。

建设项目准备阶段审计即事前审计是对建设项目开工前的工作进行的审计,主要内容是检查建设项目前期准备情况,资金是否落实到位、审计建设项目是否具备开工条件、相关的手续是否完备。建设过程审计即事中审计是对项目开工至竣工整个施工过程进行审计监督,审计内容涉及概算(预算)执行情况、财务管理状况、工程进度款拨付、隐蔽工程验收等方面,目的在于及时发现和纠正项目建设中存在的问题,保证工程资金的使用效益。竣工决算审计即事后审计是对项目的竣工决算进行审计,主要内容是决算的真实性、合理性,包括工程结算资料的审计、交付使用固定资产以及结余资金的审计,目的是保证建设资金的使用效益,提高建设项目管理水平。

二、基本建设审计的程序

基本建设审计一般程序是,建设主管部门备齐审计资料经初审后递交到审计部门,审计部门在接受资料时审核资料的完整性、有效性,在确认审计资料有效后,审计部门组织人员(或者委托社会审计机构)开展工作,在审计工作完成后出具审计意见书(草稿),该草稿在征得建设主管部门和施工单位认可后出具正式的审计意见书或者审计报告。

(一)投资立项阶段审计

投资立项阶段要决定投资项目的具体建设规模、建设方案(包括建设标准、建筑的功能、结构)和建设地址;决定建设哪些主体工程和配套工程;购置何种设备以及资金筹措等事项。其中任何一项决策失误,都有可能导致投资的损失。因此,投资立项阶段的工作是项目建设的首要环节,这一阶段的造价控制是决定工程造价的基础和龙头,它直接影响着以后各阶段工程造价的控制。

从基建管理角度讲,投资立项阶段的工作目标,就是要避免和减少决策失误,提高投资效益。这一阶段的工作任务主要包括:对拟建项目内容做初步的构想;选择好的咨询机构编制项目建议书和可行性研究报告,为科学决策提供依据;组织对项目建议书和可行性研究报告进行评审;根据项目建设规模、建设内容和国家有关规定,对项目进行决策和报批。

1.投资估算

投资估算是投资决策过程中,依据现有资料和一定的方法,对建设项目的全部建设资金投资数额进行估计。投资估算在内容上主要包括:建筑工程投资估算、安装工程投资估算、设备投资估算和其他费用的估算。

投资估算编制的依据主要有：项目建议书、可行性研究报告；投资估算指标、技术经济指标；造价指标及类似工程的概预算；设计参数，包括建筑面积指标、能源消耗指标等；概预算定额、当地人工、材料、设备等价格以及当地建筑工程的取费标准等。投资估算是保证投资决策正确的关键环节，是实施工程造价管理与控制的基础，其准确与否直接影响到项目的决策和投资效果。

如何评价和界定投资估算是否准确，目前国家（地方）没有相关的规定，有些教科书上说：项目建议书对投资的估算一般是根据类似已建工程进行测算或对比推算，误差允许控制在 ±30%；可行性研究阶段，必须对所需项目的各项费用进行比较详细精确的计算，误差要求不应超过 ±20%；可行性研究报告评审阶段投资估算的误差应控制在 ±10%。[①] 对此，审计中可予以参考。

2.方案论证

建设工程项目决策就是要对项目建设作出科学的决断，优选最佳的投资方案，以达到资源的合理配置。决策失误会直接带来不必要的资金投入和人力、物力的损失与浪费。因此，要达到有效控制工程造价，实现项目建设目标，首先是要保证决策的正确，从多种方案的分析比较中，选出最佳方案是其中的关键环节。审计机构和人员在投资立项阶段的一项重要任务，首先要看项目建设方案是否是在多方案基础上，经过反复论证后优选得出；其次，在方案论证过程中要充分发表意见，对重大问题或有争论的问题，应会同相关单位共同讨论确定，以便为学校领导决策提供信息和依据。

3.可行性研究报告的真实完整

可行性研究报告是可行性研究的最终结果，也是对建设项目作出决策的重要依据。有资料显示，在项目建设的各个阶段中，投资决策阶段影响项目造价的程度最高，达到 75%～95%。因此保证可行性研究报告的真实性和完整性至关重要。

---

① 陈伟光 . 教育内部审计规范 [M]. 北京：人民教育出版社,2010.

（二）勘察设计阶段审计

按照建设工程业务管理流程,从勘察设计阶段开始,建设工程项目将进入实施阶段。在勘察设计阶段,基建管理工作的主要任务是通过招标方式选定勘察单位,签订勘察合同,实施勘察作业;通过设计招标,选定设计单位,进行设计方案优化,开展扩初设计和施工图设计等。

1.勘察招标

工程勘察是指工程立项后,依据工程建设目标,通过对地形、地质和水文等进行测绘、勘探,查明、分析并评价建设场地及有关范围内的地理环境特征,为建设单位和设计单位提供勘察资料,以满足工程规划、选址、设计、施工的需要。审计工作主要包括委托勘察与招标管理、勘察合同的审查与评价两方面。

2.设计招标与方案选定

建设工程设计是工程管理的重要环节,其中推行设计方案招标是优选设计方案的有效途径和方法。2008年3月,建设部颁布的《建筑工程方案设计招标投标管理办法》(建市〔2008〕63号)明确规定要依法推行设计方案招标,并明确规定:"建筑工程方案设计招标投标,是指在建筑工程方案设计阶段,按照有关招标投标法律、法规和规章等规定进行的方案设计招标投标活动。"此外,该办法还从适应建筑设计招投标特点以及如何保证设计质量出发,对建筑工程方案设计招标投标遵循的基本原则、投标文件深度、评标方式方法、知识产权保护、大型公共建筑工程招标投标过程的监管都作了比较明确的规定。

在基建管理的实践中,设计招标与方案选定往往是同时进行的,即通过方案招标来确定设计单位。在审计中应严格执行国家相关规定,以有效规避风险。

3.限额设计

限额设计是控制工程造价的有效方法。限额设计就是按照批准的可行性研究及投资估算控制初步设计,按照批准的初步设计总概算控制施工图设计,同时各专业在保证达到使用功能的前提下,按照分配的投资限额控制设计,严格控制技术设计和施工图设计的不合理变更,保证总投资限额不被突破。推行限额设计,一是有利于控制工程造价,从源头上防止预算超概算、概算超估算问题的发生;二是有利于强化设计人员的工程造价意识,严格按照限额设计所分解的投资额和控制工程量进行设计,将造价和工程量控制在限额范围内,防止不必要的浪费。

推行限额设计的关键是投资限额的确定,目前一般用投资估算来控制初步设计,因此合理、准确的投资估算是实现限额设计的基础和关键,这就要求审计机构和人员在投资立项阶段严格把好投资估算关,保证投资估算的完整、准确。

4. 工程设计是审计的重点与难点

工程设计是基建工作的灵魂和龙头。一项工程设计的优劣不仅关系到项目的功能和使用价值的高低,而且对工程造价和安全起到至关重要的作用。有关专家研究分析,设计阶段的费用虽然仅占建设工程生命周期全部费用的1%,但对项目造价的影响达到35%～75%,技术经济合理的设计可以降低工程造价5%～10%,甚至可以达到10%～20%。因此工程设计这一环节是审计应该予以关注的重点。

由于内部因素和外部环境的影响和制约,在审计实践中对设计阶段的造价控制也是审计工作的难点,主要原因包括以下几方面。

(1)设计市场基本是买方市场,资质高、能力强的设计单位更是如此,因此推行设计招标有一定的难度,虽然建设部发布了《建筑工程方案设计招标投标管理办法》,但完全实施还需要一个过程。

(2)工程设计的专业性强、技术含量高,审计人员介入有相当的困难和风险,特别是这一领域中的潜规则和不正之风的存在,使审计人员乃至工程管理的技术人员对有些问题难以作出正确的判断。

(3)据统计,在工程质量的事故中,设计责任占据第一位,约为40%;设计人员要对工程终身负责,因此首选设计保守、"肥梁胖柱"以便自我保护,而投资多少则退而居其次。

(4)在设计环节,技术经济分析不被重视的现象在设计单位、设计人员中普遍存在。此外,设计单位的设计费用按照工程造价计取的机制,在客观上也加重了这一现象。

对此,审计机构和人员应在实践中,结合各自学校的实际情况,不断探索有效的控制途径与方法。

5. 概算审核

设计概算是设计文件的重要组成部分。其主要内容包括：设计概算编制依据；建设项目总体规模；建筑安装工程造价，包括土建、给排水、电气、暖通和室外项目等；其他建设费用造价，包括政府规费、勘察设计费、招标费、监理费、质监费和相关检验检测费用等；基本预备费；建设期涨价预备费以及贷款利息等。

设计概算编制的要求是保证概算编制依据的合法性、时效性、适用性和概算报告的完整性、准确性、全面性。因此，设计概算主要审查：设计概算的编制依据，包括依据的合理性、时效性和适用范围；概算的编制深度；设备规格、数量和配置；设计概算的工程量，有无多算、重算、少算情况；计价是否准确，是否符合当时当地有关部门发布的指导价；工程建设的其他费用有无随意列项、多列和漏项情况等。

6. 施工图纸的自审和会审

施工图的自审、会审是控制工程造价、防止设计变更的重要环节，也是工程管理中必不可少的程序。

施工图自审是建设单位在收到设计单位提交的施工图后，立即组织相关专业工程技术人员对设计图纸进行审核，及时发现设计缺陷和问题，与设计单位进行沟通并进一步完善设计，以最大限度地把设计中的问题消灭在工程施工招标之前。

施工图会审是通过招标确定施工单位后，建设单位会同设计单位、监理单位、施工单位以及有关部门参加的图纸审核会。其目的有两方面：一是使施工单位和各参建单位熟悉设计图纸，了解工程特点和设计意图，找出需要解决的技术难题，并制定解决方案；二是为了解决图纸中存在的问题，减少图纸的差错，使设计达到经济合理、符合实际，以利于施工顺利进行。施工图会审程序通常先由设计单位进行交底，然后由施工、建设、监理等单位提出图纸审查中发现的图纸中的技术差错和图面上的问题，设计单位应一一明确交底和解答。在图纸会审时，要细致、认真地做好记录，对参加会审的各方提出的问题由设计人员解答后，整理出"图纸会审记录"，由建设、设计和施工、监理单位共同会签，作为施工图纸的补充和依据。不能马上解决的问题，应由设计单位进行补充设计，并提交设计修改图或设计变更通知单。搞好施工图会审是一项重要工作,通过施工图会审,可以使设计问题大部分在工程施工前得到解决。

（三）施工准备阶段审计

在施工准备阶段,基建管理的主要任务是通过公开招标方式选定施工单位、监理单位,并与各相关单位签订合同,保证工程施工顺利进行。

1. 工程量清单

工程量清单是建设工程的分部分项工程项目、措施项目、其他项目、规费项目、税金项目的名称和相应数量的明细清单。工程量清单在工程管理和造价控制中起着至关重要的作用,因此在审计中必须对工程量清单完整性和准确性进行全面、认真的审查和确认。

2. 招标控制价（拦标价）

招标控制价是指招标人根据国家或省级、行业建设主管部门颁发的有关计价依据和办法,按设计施工图纸计算的,对招标工程限定的最高工程造价。鉴于招标控制价是投标报价的最高限制价,对投标单位投标报价具有十分重要的导向作用,因此对招标控制价编制的审查和确认应该成为审计的重点。

3. 施工合同审查

建设工程施工合同是工程发包人为完成一定的建筑工程、安装工程的施工任务与承包人签订的合同。施工合同是建设工程合同中的主要合同,是工程建设质量控制、进度控制和投资控制的主要依据。

此外,鉴于施工合同与招投标文件有直接的联系,故在评标时应认真审查投标单位的投标文件;对中标单位投标文件中背离招标文件的情况,应在洽商基础上在合同的补充协议中进行修正。

（四）施工阶段审计

施工阶段是将工程设计意图最终实现并形成工程实体的阶段,是最终形成工程项目使用价值的重要阶段。对审计工作而言,这一阶段是实现建设工程项目审计目标的关键环节。

1. 主要控制点的设置

在施工阶段的审计中,审计机构和人员应当在主要的业务流程中设置相应的控制点。实践证明,只有将审计嵌入工程管理的业务流程中,审计监督才可能有效,审计目标才有可能实现,否则审计工作将流于形式。基于规范管理、控制造价的目标,审计应在主要隐蔽工程勘验、主要材料及设备价格确认、工程进度款拨付、设计变更和施工签证认定以及索赔事项核实等管理活动中,采取相应的控制措施,以加强施工过程中的造价管理和控制,为竣工阶段的结算审核打下良好基础。

2. 主要隐蔽工程的勘验

审计机构和人员参与主要隐蔽工程的勘验实质是一种监督和证实行为,目的是避免施工单位偷工减料、以次充好,保证工程的数量和质量符合要求。

主要隐蔽工程有:基础工程,包括基槽土方开挖、基础结构等;预埋工程,包括各种管线、铁件预埋等,主要检查是否与施工图纸及规范要求一致;屋面工程,主要检查基层处理、防水、保温隔热的做法是否符合设计和工艺规范,是否与所采用的图集相符;装饰工程,主要检查其基层做法是否与设计要求或采用的图集相符,是否与工程量清单项目一致,实际消耗量如何;安装工程,主要检查线路、管道所用材质、规格及铺设方式是否与设计图纸和采用的图集相符。

3. 主要材料及设备价格的确认

对主要材料和设备价格的认定是防止施工单位以次充好、保证工程质量的重要环节,因此是审计的重点,同时也是审计的难点。在工程审计实施过程中,由于各种材料、设备的品种繁多,验收工作较为困难,同时材料差价是施工单位利润的主要来源,施工单位会出现一些抵触和不配合,此外有些基建管理部门施工管理与预算管理相脱节也容易造成管理上的漏洞。因此,在主要材料及设备价格确认过程中,审计机构和人员应积极与基建部门施工和预算管理人员、监理人员协调配合,认真进行市场调研、摸清市场行情、集体协商确定。这样不仅可以减少部门、单位间的矛盾,而且能够提高工作效率,避免对工期产生影响。

4.工程进度款的支付

工程进度款的支付是施工阶段审计应该关注的重点之一。实际工作中一些基建管理人员对此存在一些模糊理解,认为只要工程进度款控制在合同范围内,最后还有工程的结算审核,因此施工过程中工程进度款支付多少不需认真审查,这样的模糊认识有可能给学校带来资金提前支付的损失。

对工程预付款、工程进度款、设计变更价款等款项的认定方法及支付管理,财政部、建设部《建设工程价款结算暂行办法》(财建〔2004〕369号)中有具体、明确的规定,审计中应严格遵照执行。

5.设计变更和施工签证的审查

严格控制设计变更和施工签证是有效控制工程造价的关键。工程在建设过程中,由于设计、施工中的问题和使用功能的改变等,出现设计变更是在所难免的,对此审计机构和人员应区分情况,采取有效措施予以应对。对使用单位提出的变更要求,应认真加以分析,确属需要进行的变更应按规定履行报批手续后实施;对设计单位提出的变更,因涉及许多技术问题,审计人员往往难以把握,需要相关专业的技术人员协助确认,对确属设计失误造成且带来投资费用增加的变更,审计机构和人员要掌握索赔的证据;对施工单位提出的设计变更申请要严格审查,防止施工单位由于工程报价竞争激烈,投标报价利润不足,在施工过程中利用工程变更来增加其利润。

(五)竣工验收阶段审计

对于高校来讲,竣工验收阶段是建设工程项目业务管理流程的最后一个环节,是工程项目由建设转为使用的标志。对审计工作而言,在这一阶段竣工结算的审核和竣工财务决算的审查是关键环节。有关资料和审计实践表明,对施工单位报送的工程结算,经审核后被核减的幅度可达5%~20%,有的甚至更高(实行全过程审计的建设项目的核减率应较低)。因此,为保证学校的利益不受损失,保证工程结算的真实、完整,审计机构和人员必须把好最后一道关。

1. 竣工结算审核

一个单位工程或单项工程,施工过程中由于实际需要或学校要求等多种原因,对设计图纸作一些变更和调整,而与原施工图预算或中标造价发生变化。在工程竣工并验收合格后,将增减变化的内容,按照规定的方法对原施工图预算或中标造价进行相应的调整,而编制的确定工程实际造价并作为最终结算工程价款的经济文件,称为竣工结算。竣工结算由施工单位编制,由建设方进行审查后作为双方工程结算造价。

竣工结算不是按照变更后的施工图和各种变更的原始资料重新编制施工图预算,而是根据变动哪一部分就调整哪一部分的原则进行。

2. 竣工财务决算审查与评价

为了保证工程财务决算编制的真实、完整、准确,2008 年 12 月,教育部根据财政部《基本建设财务管理规定》(财建〔2002〕394 号)、《财政部关于加强中央级教科文部门基建竣工财务决算审批的通知》(财教〔2006〕11 号)、《关于进一步加强中央基本建设项目竣工财务决算工作的通知》(财办建〔2008〕91 号)等有关规定,制定并印发了《教育部直属高校及事业单位基本建设项目竣工财务决算管理办法》(教发〔2008〕28 号),该办法规定:"基本建设项目竣工财务决算是正确核定建设单位新增固定资产价值、反映竣工项目建设成果的文件,是办理固定资产交付使用手续的依据""项目建设单位应加强组织领导,组织专门人员及时、准确地编制竣工财务决算""建设单位应在项目竣工后三个月内完成竣工财务决算编制工作"。

教育部直属高校应严格按照文件的相关规定,认真组织和开展对建设工程项目竣工财务决算的审查与评价;其他高校亦应参照国家(地方)相关规定的相关内容,认真做好对建设工程项目的竣工财务决算审计。

3. 审计报告

这里的审计报告是指内部审计机构和人员对工程建设管理情况实施必要的审计程序后,就建设工程各阶段业务管理活动和内部控制的适当性、合法性和有效性出具的书面文件。鉴于工程项目审计的特点,建设工程项目的审计报告应该有别于其他类型的审计报告,应特别突出对内部管理程序的规范与履行,内部控制健全与有效,建设工程投资效果等作出全面的分析与评价,并提出改善和提高管理的意见和建议,以进一步加强学校建设工程的管理。

此外,由于建设工程项目具有建设周期长、管理环节多、资金投入大等特点,审计机构和人员在实施建设工程项目审计中,一方面对工程管理中出现的重大问题可随时提出审计意见和建议,并出具审计报告或审计意见书,报学校领导审定后执行,以防范风险、避免损失;另一方面,在工程建设的某一阶段结束后,亦可对这一阶段的管理情况出具中期审计报告,为学校领导提供管理的信息,以保证工程建设目标的实现。

由于目前高校基本建设逐步推行全过程跟踪审计,在此仅对基本建设审计的程序作简要描述。

图4-1和图4-2分别是基本建设工程项目竣工结算送审流程图和审计流程图。

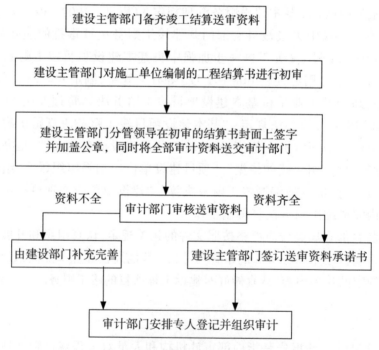

图4-1　基本建设工程项目竣工结算送审流程图 [①]

---

① 王宗义.高校基本建设管理概论[M].济南:山东大学出版社,2005.

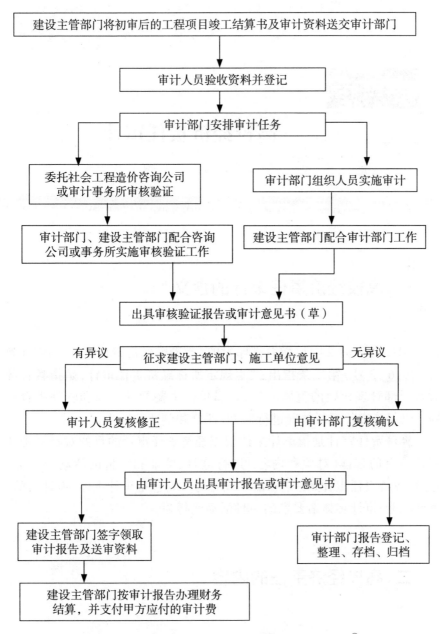

图 4-2　基本建设工程项目竣工结算审计流程图 [①]

---

① 王宗义 . 高校基本建设管理概论 [M]. 济南：山东大学出版社，2005.

第三节

高校经济责任审计

一、高校经济责任审计的含义

2016 年 3 月 24 日,教育部印发的《教育部经济责任审计规定》(教财〔2016〕2 号)第二条指出:"本规定所称经济责任审计,是指教育部对有干部管理权限的直属高校、直属单位主要领导干部和驻外教育机构参赞经济责任履行情况进行监督、评价和鉴证的行为。"

经济责任审计是指审计主体根据经济责任审计的目的对经济责任审计特有的客体(对象和内容)进行监督、鉴证和评价的活动或行为。这里,经济责任审计是一种"活动或行为",它包括审计主体、审计目的、审计职能、审计客体诸要素的一种活动或行为。

二、高校经济责任的内容

(一)会计责任

《中华人民共和国会计法》第四条规定:"单位负责人对本单位的会计工作和会计资料的真实性、完整性负责。"

第二十一条规定:"单位负责人应当保证财务会计报告真实、完整。"

第二十八条规定："单位负责人应当保证会计机构、会计人员依法履行职责，不得授意、指使、强令会计机构、会计人员违法办理会计事项。"

第三十八条规定："从事会计工作的人员，必须取得会计从业资格证书。担任单位会计机构负责人（会计主管人员）的，除取得会计从业资格证书外，还应当具备会计师以上专业技术职务资格或者从事会计工作3年以上经历。"

第四十二条规定："违反本法规定，有下列行为之一的，由县级以上人民政府财政部门责令限期改正，可以对单位并处三千元以上五万元以下的罚款；对其直接负责的主管人员和其他直接责任人员，可以处二千元以上二万元以下的罚款；属于国家工作人员的，还应当由其所在单位或者有关单位依法给予行政处分。"

（二）财务责任

2012年12月19日，财政部、教育部印发的《高等学校财务制度》第六条规定："高等学校财务工作实行校（院）长负责制。"

2000年6月12日，《教育部、财政部关于高等学校建立经济责任制，加强财务管理的几点意见》规定："建立健全各级经济责任制，首先必须建立健全校（院）长经济责任制。高等学校的校（院）长是高等学校的法定代表人，对学校的财务工作负有法律责任，必须充分认识加强学校财务工作的重要性和紧迫性，严格执行国家的财经法规、制度，迅速采取强有力措施，认真防范和纠正一切违规违纪和财务管理方面的问题。"

《中华人民共和国高等教育法》第四十一条规定："高等学校的校长全面负责本学校的教学、科学研究和其他行政管理工作，行使下列职权：……（五）拟订和执行年度经费预算方案，保护和管理校产，维护学校的合法权益。"

2002年2月11日，《教育部、财政部关于清理检查直属高校资金往来情况，加强资金管理确保资金安全的通知》（教财〔2002〕2号）规定："各校的校（院）长是高等学校的法定代表人，对学校的财务工作负有法律责任，主管财务的校（院）长或总会计师对学校的资金管理负有直接领导责任。"

2004年7月13日，《教育部、财政部关于进一步完善高等学校经济责任制，加强银行贷款管理切实防范财务风险的意见》（教财〔2004〕

18 号）规定："高等学校的校（院）长是高等学校的法定代表人，对偿还贷款负有法律责任，要本着对国家和事业负责的态度，提高风险意识，完善决策程序，增强法制观念。在今后高校领导干部经济责任审计中，高校对银行贷款资金的管理情况将作为重要的考核指标。……贷款高校的校（院）长是高校贷款项目的总负责人，对全部贷款资金使用的安全性、合理性和有效性负责，对确保按期偿还贷款本息负责。"

2004 年 10 月 18 日，《教育部、财政部关于进一步加强直属高校资金安全管理的若干意见》（教财〔2004〕38 号）规定："各直属高校党政领导必须进一步提高认识，高度重视学校资金管理工作。"高校领导作为高校的财务负责人，要清楚地认识自己的职责与重任，要认清高校的自身优势与发展前景，不能单纯地追求耀眼的政绩，应该全面履行财务工作的组织领导责任，严格遵守和落实各项规章制度，切实重视并支持财务工作，要将规模、结构、质量、效益之间的关系统筹协调好，确保高校各项事业持续健康发展。

2008 年 9 月 2 日，中共中央纪委、教育部、监察部颁发的《关于加强高等学校反腐倡廉建设的意见》规定："严格执行'收支两条线'规定，加强预算外资金管理。坚决禁止'小金库'，一经核实单位或部门设立'小金库'，严肃处理直接负责人，并追究分管领导的责任。"

（三）内部控制责任

2012 年 11 月 29 日，财政部印发的《行政事业单位内部控制规范（试行）》（财会〔2012〕21 号）第六条规定："单位负责人对本单位内部控制的建立健全和有效实施负责。"

（四）科研经费管理责任

2005 年 6 月 26 日，《教育部、财政部关于进一步加强高校科研经费管理的若干意见》（教财〔2005〕11 号）规定：在高校校长和总会计师的指导下，财务部门是负责学院财务管理的综合机构，参与高校财经决策的讨论和有关规定制定工作，管理、核算和监督高校各类经济活动。高等院校必须确保财务规章制度、经济分配政策、财务收支预算、会计核算等高度的统一，实行"统一领导，集中管理，分级负责"的财务管理体制。

2011 年 12 月 2 日,《教育部关于进一步贯彻执行国家科研经费管理政策,加强高校科研经费管理的通知》(教财〔2011〕12 号)规定:科研项目经费属于财政拨款,应该做到专款专用,其支出必须严格按照批准的预算执行,重点加强对项目管理费、劳务费、国际合作与交流费、协作研究费等支出的管理。承担科研项目的单位要明确科研、财务等部门项目负责人在科研项目经费使用与管理中的职责和权限。科研项目经费纳入高校财务统一管理,单独设账,专款专用。

2011 年 9 月 14 日,《财政部、科技部关于调整国家科技计划和公益性行业科研专项经费管理办法若干规定的通知》(财教〔2011〕434 号)规定:高校应该建立起完善的重大问题集体决策制度、专家咨询制度和决策责任追究制度。凡是涉及高校重大经济决策、大型的投融资项目以及大额资金使用,必须组织相关专家进行科学论证,经高校财经领导小组研究后,最终决定由高校党委会集体讨论后做出。

2012 年 12 月 17 日,《教育部、财政部关于加强中央部门所属高校科研经费管理的意见》(教财〔2012〕7 号)规定:"强化学校主体责任。学校是科研经费管理的责任主体,校(院)长对学校科研经费管理承担领导责任。"

2012 年 12 月 18 日,《教育部关于进一步加强高校科研项目管理的意见》(教技〔2012〕14 号)规定:"强化学校管理责任。学校是科研项目管理的责任主体,应认真履行法人责任。"

2012 年 12 月 17 日,《教育部关于进一步规范高校科研行为的意见》(教监〔2012〕6 号)第 12 条规定:坚决杜绝违反相关规定自行调整预算和挤占挪用科研项目经费,严格禁止超出规定的开支范围和开支标准的各项支出,对于层层转拨科研项目经费和违反有关规定将科研任务外包的行为必须进行严肃处理、严厉惩罚。包括校长在内的高校党政主要领导要把科研经费管理,分管财务、科研工作提到重要日程,校领导必须对科研经费的使用和管理负责,高校科研、财务等部门及科研项目(课题)负责人必须切实履行科研经费管理与使用的职责。

(五)资产责任

1997 年 12 月 31 日,国家教育委员会《高等学校有关行政负责人经济责任审计实施办法》规定,高等学校校长、总会计师或主管财务工作的副校长及财务管理部门主要行政负责人和院、系、所主要行政负责人经济责任审计的主要内容有："学校各类资产的状况如何,是否安全完整、保值增值。"

2000年6月13日,《教育部、财政部关于高等学校建立经济责任制加强财务管理的几点意见》规定:"经济责任制的内容应贯穿于高校财经工作的全过程,具体包括:……(五)国有资产完整和保值增值的经济责任制"。

(六)收费责任

2005年4月1日,教育部、国务院纠风办、监察部、国家发展和改革委员会、财政部、审计署、新闻出版总署七部门发布的《关于2005年治理教育乱收费工作的实施意见》规定:"制定对教育乱收费实行责任追究的具体办法,……情节严重、影响恶劣的要追究有关领导的责任,并通过新闻媒体予以曝光,以儆效尤。"

(七)其他责任

1994年11月17日,国家教委发布的《关于当前国家教委委属高校财经工作中几点意见的通知》(教财〔1994〕64号)规定:"学校各级经济责任人的变动,要建立工作报告和离任审计制度,对在任期间,不负责任,给学校财经工作造成重大损失的应追究其责任,触犯法律的应追究其法律责任。"

三、经济责任审计的特点

经济责任审计的特点是指区别于别的审计的明显差别。经济责任审计也是审计,它的审计主体、审计职能、审计方法等与别的审计没有明显的差别。经济责任审计的特点主要有以下几点。

(1)经济责任审计的对象不同。经济责任审计的对象是"人"及其体现的"事"。"人"指领导人,"事"指承担的责任。

（2）受托责任的主体不同。审计都离不开受托责任,既然经济责任审计的对象是"人",经济责任审计的受托责任主体是管人的部门,即组织部门、人事部门、纪律检查委员会、监察部门等,国有企业还有国资委,高校还有教育部门。

（3）经济责任审计的目的不同。经济责任审计的目的是监督责任,鉴证责任和评价责任。

（4）经济责任审计的时间跨度不同。领导人的任期多长,经济责任审计的时间跨度就多长;领导人的任期一届三年至五年,两届八年至十年。

（5）经济责任审计的复杂程度与风险程度不同。由于时间跨度长,又涉及经济责任,经济责任审计的复杂程度大,风险程度高。

（6）经济责任审计的结果运用不同。经济责任审计的结果要公示,要装入档案,要根据承担的经济责任决定领导人的奖惩升降。

四、高校经济责任审计的程序、方法和报告及其结果运用

（一）高校经济责任审计的程序

（1）由内部审计机构、科研管理部门、财务部门等相关部门根据科研经费的管理和使用情况、单项科研项目经费的额度、项目的重要性,提出科研经费审计立项计划。内部审计机构在开展审计前,必须进行审前调查。审计部门对发现的违规违纪问题应及时移交纪检监察部门。科研管理部门、财务部门收到审计报告后,组织被审项目的负责人及相关单位按审计报告要求进行落实、整改,并在收到审计报告后的三个月内将整改结果报送内部审计机构。内部审计机构负责对科研项目审计资料进行整理、归档。经济责任审计计划必须经学校党委会批准。

（2）校党委组织部根据确定的审计工作计划以书面形式委托内部审计部门实施经济责任审计。经济责任审计委托书的内容主要包括:内部审计机构根据工作需要,可以对与被审项目有关的经济活动进行延伸审计,被审项目负责人及负责单位应当予以配合。对不按本规定执行的,造成科研项目无法结题或其他后果的,由被审项目负责人及负

责单位承担相应责任。内部审计机构委托社会中介机构对科研经费审计的费用在本部门、本单位预算经费中安排列支。各个课题组委托社会中介机构对科研项目结题验收前的科研经费审计所需委托费用，在各课题组的科研经费中安排列支。

（3）内部审计部门将经济责任审计计划列入校内部审计年度计划。内部审计机构根据年度审计工作计划安排，在实施审计前将审计通知书送达科研管理部门，由科研管理部门通知被审项目负责人及负责单位，并抄送财务部门。

（4）送达审计通知书。审计组应当在实施审计 3 日前，向审计对象及其所在或原任职单位送达审计通知书。

（5）召开进点见面会。审计组在实施审计时，应当召开审计组成员与被审计对象及其所在单位有关人员参加的审计进点见面会，安排审计工作有关事项。实施审计时，应当进行审计公示。

（6）实施审计。被审计对象及其所在单位以及其他有关单位应当提供被审计对象履行经济责任有关的下列内容：①审计科研管理部门、财务部门、科研项目负责单位对科研项目的内部控制是否健全，科研行为是否规范，奖励及责任追究制度是否落实；②审计科研管理部门及项目负责单位对科研立项申报项目合作以及项目结题过程的管理监督情况；③审计被审项目的预算编制、预算调整是否符合有关规定要求；④审计被审项目经费是否全部纳入高校财务统一管理，对单位的资金流向和经济活动过程与结果的评价和鉴证；⑤审计被审项目使用科研经费购置与形成的固定资产和无形资产是否统一纳入本部门、本单位资产管理，是否存在隐匿、私自转让、非法占有或谋取私利的行为；⑥审计高校对被审项目的间接费用的计提、分配和使用是否符合规定，重大科研设备的效用发挥是否合理；⑦审计被审项目有无藏留、挪用、挤占科研经费等违反财经纪律的行为。

（7）被审计对象的权利和义务。在经济责任审计中，被审计对象享有下列权利：①申请相关审计人员回避的权利；②对审计结果与报告提出质疑与异议的权利；③向有关部门申诉审计结果的权利；④其他有关法律法规规定的权利。被审计对象及有关人员负有下列义务：①如实配合出具相关的书面材料及相关资料；②如实反映需要了解的有关情况；③对所提供资料的真实性、完整性负责，并签字确认；④其他有关法律法规规定的义务。

（8）审前调查。内部审计机构在开展审计前，必须进行审前调查。审计部门对发现的违规违纪问题应及时移交纪检监察部门。可以采取召开座谈会、实地考察、查阅档案、收集资料等多种方式进行审前调查。

（9）编制审计实施方案。内容是：编制的依据、被审计对象所在部门、单位的名称和基本情况、审计目标、审计的范围以及内容和重点、审计要求、审计方式、延伸审计单位、预定的审计工作起止日期、审计组组长和审计组成员及分工、编制的日期及其他有关内容。

（10）审计实施。审计人员通过审查会计凭证、账簿、财务会计报告和财务收支电子数据，查阅与审计事项有关的文件、资料、检查实物等方式进行审计，并取得证明材料。

（11）编制审计报告。现场审计结束后，审计组起草审计报告并征求被审计对象及所在高校的意见，完成审计报告。

（12）审计报告报送委托部门。

（二）高校经济责任审计的方法

（1）访谈法。即到被审对象的所属部门、相关部门（财务、资产等）及有关领导进行访问谈话的方法。

（2）问卷测评法。即到被审对象的所属部门进行问卷测评的方法。

（3）查阅资料法。即到被审对象的所属部门和相关部门查阅财务资料、会议记录资料等方法。

（4）业绩比较法。包括纵向比较法（即上任时与离任时业绩比较或先确定比较基期再将比较期与之对比的方法）和横向比较法（即将相关业绩与同行业一般状况进行比较的方法）。

（5）量化指标法。即运用能够反映领导干部履行经济责任情况的相关经济指标，分析其完成情况来评价相关经济责任的方法。

此外，还有环境分析法、主客观因素分析法、责任区分法等。

（三）高校经济责任审计的报告

（1）审计组根据审计目标依据审计证据编制审计报告。经济责任审计报告的主要内容：审查被审计对象单位采购业务的真实性、合法性和正确性；审查被审计对象单位采购成本的构成和成本计算是否真实、合规、正确；审查被审计对象单位业务账务处理的真实性、合理性和正确性；审查被审计对象单位非货币性交易的正确性；审查被审计对象单位验收入库的真实性和正确性；审查被审计对象单位财政预算和决算；审查被审计对象单位信贷计划及其执行情况；审查被审计对象单位财务收支计划及其执行情况；审查被审计对象单位国有资产管理的情况；审查被审计对象单位与财政财务收支有关的各项经济活动及其经济效益；审查被审计对象单位严重侵占国有资产和严重损失浪费等损害国家利益的行为等。被审计单位有关经济活动是与该单位生产经营管理和财产物资有关的活动。审计发现的有关重大事项，可以直接形成专题报告报送学校党委会，不在审计报告中反映。

（2）学校内部审计部门收到审计组的审计报告后，整理形成审计报告征求意见稿并书面征求被审计对象及其所在单位的意见。

（3）被审计对象及其所在单位应当自接到审计报告征求意见稿之日起 10 日内提出书面意见；10 日内未提出书面意见的，视同无异议。审计报告中涉及的重大经济案件调查等特殊事项，经学校党委会批准，可以不征求被审计对象及其所在单位的意见。

（4）审计组应当针对被审计对象及其所在单位提出的书面意见，进一步核实情况，对审计报告作出必要的修改，报送学校内部审计部门。

（5）学校内部审计部门按照规定程序将审计报告报学校委托部门和学校领导审定，经领导签发后，向被审计对象及其所在单位出具正式的经济责任审计报告。

（6）被审计对象对经济责任审计报告有异议的，可以自收到审计报告之日起 30 日内向学校党委会申诉。

（7）学校内部审计部门应当将经济责任审计报告归档。

（四）高校经济责任审计结果的运用

（1）经济责任审计结果应当作为干部考核、任免和奖惩的重要依据。

（2）学校党委会应充分运用经济责任审计结果。发挥审计整改监督合力，强化审计整改联动机制建设，充分发挥经济责任审计工作领导小组、审计与其他执法执纪部门协作配合机制作用，进一步加强沟通协调，做到信息共享、分工负责、各司其职、分类督办，延伸审计整改链条，形成审计整改监督合力,促进审计整改工作取得实效。

（3）被审计对象所在单位应当充分利用审计结果,根据审计意见和建议采取以下措施实施整改：明确被审计单位是落实审计整改的主体,被审计单位的主要负责人是整改第一责任人,要切实抓好审计整改工作。强调建立审计整改台账清单,建立审计整改事项建号销号管理制度。将年度审计项目和领导干部经责审计任务等审计工作指标及审计查出问题整改落实情况纳入单位绩效管理考核考评内容和分值体系。建立主要负责人制度,对审计整改不力实施效能问责,造成重大影响及损失的,要依法依规追究相关单位和人员责任,并在一定范围内予以通报,涉嫌犯罪的,依法移送司法机关。

（4）学校党委会应将落实审计整改工作纳入所在单位领导班子民主生活会及党风廉政建设责任制检查考核的内容,作为领导班子成员述职述廉、年度考核、任职考核的重要依据。

（5）经济责任审计结果报告应当归入被审计对象的档案。

第五章

高校审计监督

新时期，随着我国对高等教育投入的不断增加，我国高等教育事业蓬勃发展，各高校教育投资逐年上升。同时，受互联网大数据及人工智能的影响，高校的经济活动越来越复杂，科研项目涉及面越来越广，这在一定程度上导致高校对内部审计监督的需求逐步增加。但是，目前我国高校内部审计监督能力不足，还不能满足日益增长的内部审计监督需求。因此，我国高校必须加大力度，强化内部审计监督，提高内部审计监督能力，并有效防范审计风险，最终促进我国高校内部审计监督工作顺利进行，为高校财务管理提供有力保障。

第一节

高校审计监督控制系统

一、财务审计监督

高校内部财务审计监督是指高校内部审计部门根据法律法规监督高校各项资金的使用情况,包括资金筹集、资金管理等资金使用的各方面,并在监督的同时,评价各项资金使用是否合理、使用情况是否属实、资金使用是否带来效益,最后根据监督评价结果提出建设性管理意见。高校内部财务审计监督主体是高校内部审计部门,监督对象是高校财务部门管理系统,监督重点是高校各项财务收支的真实性、合法性和效益性。高校内部审计部门以《教育系统内部审计工作规定》条例为工作遵旨,将自身的监督义务发挥得淋漓尽致。具体来说,高校内部财务审计监督主要分为以下几种类型。

(一)财务收支审计

高校财务收支审计的主要内容包括两部分,即分别对高校各项收入、支出的真实性与合法性进行审计,具体介绍如下。

1.收入审计

收入审计主要是指对高校内部的各项收入进行监督。重点监督各项收入是否真实存在,各项收入记录是否符合要求,各项收入数目记录是否正确。

　　高校内部收入审计内容包括多个方面，主要有以下几点：第一，理清被审计单位的收入构成和具体规模；第二，了解被审计单位各项收入操作的具体流程，包括收入的具体来源、收入入账情况等；第三，了解被审计单位财务部门、业务部门等部门及其工作人员的职责；第四，掌握各项收入的票据使用即管理情况；第五，了解被审计单位的相关经营活动范围及经营内容。收入审计常选用审阅、计算复核、比较分析、实地观察等具体的审计方法。

　　高校内部收入审计有一定的操作流程。首先，相关审计工作人员掌握上述所说的收入审计的主要内容。其次，利用审计方法，核查被审计单位一定时间内各项收入的具体情况，并与记录进行对比，看有无出入。最后，审计人员要对被审计单位的各项收入构成进行分析，若收入变化幅度过大，则要查明原因。

　　收入审计主要分为财政补助收入审计、事业收入审计、上级补助收入与附属单位缴款审计、经营收入审计等。

　　（1）财政补助收入审计

　　财政补助收入审计主要是通过核实财政补助收入预算数和财政实际拨入经费数，并检查被审计单位是否第一时间对财政补助收入进行核算，财政补助收入数目是否正确。

　　（2）事业收入审计

　　事业收入审计主要是借助核实的方法来查验各项收入情况是否属实，推断收入是否存在不合规甚至违法的情况。第一，进行账项记录数据与实际票据核实。首先查看被审计单位账项反映的事业收入总额，收集相关数据，进行比对、分析，查明被审计单位是否做到了应收尽收，是否出现了收入错放或损害单位集体收入等现象。[①] 第二，进行政策文件信息与实际收入行为核实。审计部门将被审计单位的审计相关政策性文件资料与实际收入行为进行比较，查验被审计单位是否存在乱收费、乱集资等现象。第三，进行实际收入与入账数目核实。审查被审计单位实际票据收取的收入，与实际入账数目进行比较，查验是否存有收入未入账行为，是否有将收入款项放入暂存往来款中核算的现象。

---

① 李莉. 高校内部审计思考理论与实践研究 [M]. 长春：吉林大学出版社, 2017.

（3）上级补助收入和附属单位缴款审计

审查单位年度缴款预算数、银行存款金额、往来款项发生数额等，这些主要是为了检验核算的准确度，理清有关附属单位缴款预算执行结果与预期不相符的原因。审查过程中，如果发现了类似于将上级补助收入和附属单位缴款放入往来款中的现象，则要高度重视，查清前因后果。

（4）经营收入审计

审查被审计单位相关资产使用情况，核实经营收入是否被记入账务中，并且记录是否完整、正确。

2.支出审计

支出审计主要是对被审计单位的各项支出进行监督。重点监督是否有编造某项支出的现象；各项支出的具体内容、每一个环节是否符合规定；支出记录是否完整、是否符合事实；支出使用是否能产生效益。在支出审计中，经常使用分析性复核法、顺查逆查、详查抽查和账实相互核对等方法。

高校内部支出审计按照一定的流程进行监督。第一，先考虑整体，将监督的重点放在被审计单位各项支出的结构上，收集相关数据，掌握各项支出增加和减少的情况，并根据分析性复核方法对其进行分析。第二，根据项目的重要性程度，明确支出审计的重点，采用顺查逆查、详查抽查和账实相互核对等方法，具体分析各项支出的结构和评估各项支出的效益。

支出审计可以分为人员经费支出审计、正常公用支出审计、专项项目支出审计、附属单位补助与上缴上级支出审计和经营支出审计。

（1）人员经费支出审计

人员经费支出审计主要是通过了解被审计单位工作人员的工资发放标准、部门预算等资料信息，重点完成以下几方面的审计工作。第一，检查单位工作人员工资津贴支出情况，核对数据，看是否符合标准。第二，检查单位工作人员奖金福利支出情况，核对数据，看是否符合标准。第三，查明单位是否存在谎报员工数目、虚抬工资津贴基数的现象。第四，查明单位对停薪留职人员、在岗不在位人员等特殊员工的经费支出是否处理准确。

（2）正常公用支出审计

正常公用支出审计重点进行以下几方面的审计工作。第一，检查各项正常公用支出项目的变化情况,查明其变化原因。第二,检查各项支出结算手续是否完整,各项支出项目账目记录与凭证信息是否吻合,查明是否存在支出混乱的现象。第三,检查大额购置费、修缮费、办公费等各项支出费用,与报账相关的实物资产、修缮工程、施工单位等进行核实,查明相关支出情况是否属实,查明是否存在虚报冒领、虚假列支等虚假支出信息。[①]

（3）专项项目支出审计

专项项目支出审计工作的开展需要先掌握被审计单位年度专项支出预算、年度专项追加补助批复内容、年度专项项目立项批准文书、可行性研究报告等资料信息。然后根据这些资料,检查各项支出是否坚持专款专用,同时跟踪审查各项专项支出的使用情况,是否达到所需效果。

（4）附属单位补助与上缴上级支出审计

附属单位补助与上缴上级支出审计重点审查被审单位是否按照预算对附属单位进行补助支出,是否按照规定上缴上级支出。

（5）经营支出审计

经营支出审计重点检查支出费用是否合理,支出范围是否合适,事业支出与经营支出的划分是否合理。

（二）资产负债审计

资产负债审计是指对被审计单位的资产类的项目和负债类的项目进行审计。其中,资产类的项目主要包括现金、银行存款、有价证券、应收账款、预付账款、应收票据、材料、产品、对外投资固定资产、无形资产等。负债类的项目包括应缴预算款、应缴财政专户款、暂存款、应付账款、预收账款、应付票据、应交税金借入款项等。[②] 根据审计项目不同,资产负债审计主要分为资产审计和负债审计两部分。

---

① 李亚钧,张程.新形势下行政事业财务审计监督一席谈 [J].中国农业会计,2005,（09）.

② 刘水成.洛阳市润西区财政志 [M].西安:三秦出版社,2012.

1.资产审计

资产审计主要是指对被审计单位资产类的项目进行审计。通过资产审计,相关审计部门要确定各类资产项目真实存在,各类项目归单位所有,款项变动记录准确、完整,余额正确,审计报表披露恰当。

根据审计项目不同,资产审计方法和步骤也不同。

(1)对现金的审计。采用检查现金账据和现金突击盘点的方法,先审查现金核算的规范性,然后审查现金收付是否符合现金管理规定,最后审查现金账款是否相符。

(2)对银行存款的审计。通过将单位银行存款账据与银行部门提供的银行存款对账单进行比较核对的方法,审查被审计单位银行存款核算是否合理,银行账户开设是否正确,银行存款收付是否符合规定。[①]

(3)对有价证券的审计。利用账券核对方法,审查有价证券是否存在,证券保管是否安全,证券是否实现及时兑付等。

(4)对应收款项的审计。利用账账、账证、与债务人核对等方法,采取逆查、抽样检查及函证,审查各项应收款项总账是否与明细账相吻合,审查各项应收款项的具体去向,审查应收票据是否正确记录,审查库存票据金额是否与账项相符,审查各项应收款项账龄期限,查明有关应收款项能否收回。

(5)对确定存货的审计。对确定存货的审计主要采取抽样检查、实物盘点的方式,通过检查财务部门存货总账、明细账凭证,以及存货采购、销售合同等资料,以查明存货账账、账证、账实是否相符,查明存货资产是否存在虚增少报现象,查明存货采购、销售、验收、发出、保管等各环节是否存在管理和操作漏洞。

(6)对对外投资的审计。采用检查、询问、实地调查等方法,通过查看账据、会办记录、协议合同等资料,审查被审计单位对外投资是否合理;审查非现金资产对外投资的价值确定方式是否合理,审查对外投资收益有无及时入账,审查对外投资是否按合同协议及时收回,处置是否合理。

(7)对固定资产的审计。采用抽样检查、实地观察、盘点核对等方法,重点查阅与固定资产有关的一系列文件记录、验收报告、预算批复

① 江苏省交通厅财务处.交通财会理论与实践 2006 年 [M].南京:南京出版社,2006.

文件、资产明细登记账卡,以及审计核算账据明细支出,查明各项固定资产核算是否符合规定入账价值和标准,查明固定资产取得是否符合预算,查明固定资产的变卖处置是否合理、公正,查明固定资产结存是否真实、准确,查明固定资产审计核算是否规范。

（8）对无形资产的审计。通过审阅购入和取得无形资产的各种文件、合同协议、审批报告,转让手续及授权批准依据,审查无形资产是否真实存在,审查无形资产入账价值是否合理,审查无形资产转让程序是否合规,审查转让收入是否及时入账等。

2. 负债审计

负债审计主要是对被审计单位负债类项目进行审计。通过负债审计,审计部门可以确定被审计单位的应缴预算款、应缴财政专户款、应付款项、应交税金、借入款项等记录的完整性,核算的准确性、余额的正确性和审计报表披露的充分性。

同资产审计一样,针对不同的负债项目,负债审计应采用不同的审计方法,做出不同的审计。

（1）对应缴预算款和应缴财政专户款的审计

对于应缴预算款和应缴财政专户款的审计,应按照以下的步骤来进行。首先,弄清楚各项收入中应缴预算款和应缴财政专户款的数目。其次,核对数目的正确性,主要是核对相关收入明细账目,如查看收费票据、收费文件信息、暂存款项等。最后,核对款项划分是否清晰、准确,应缴款项是否上缴及时、准确。

（2）对应付款项的审计

对应付款项的审计主要是审核相关的应付款项明细、各种业务合同资料信息等,同时将应付款项记录与现金和银行存款记账记录进行核对,以查明各项应付款项是否合理,查明记录是否准确,查明各项应付款项的具体构成,查明大额负债对单位收支预算造成的影响。对应付款项的审计,通常采用分析性复核、抽样检查、函证审阅、计算、逆查法等方法。

（3）对应交税金、借入款项的审计

对应交税金、借入款项的审计,主要是通过核查相关借款合同、借款审批手续等资料信息,以查明被审计单位开展的业务活动是否属于应纳税行为,查明单位有否按照法律规定缴纳税金,查明单位借入款项记录是否准确、合理,查明单位借入款项是否及时归还,单位是否做到了专款专用,支付利息是否合理等。

(三)内部控制制度审计

内部控制制度审计主要包括以下两个方面的工作。

1. 对内部审计控制监督制度建立健全情况的审计

被审计单位审计控制监督制度的建立健全必须严格按照《审计法》《审计基础工作规范》《内部审计控制规范》来制定。被审计单位内部审计控制监督制度建立是否完善、有效,通常采用询问、审阅或测试的方法。审计时,重点审查相关的制度是否已经建立,如内部审计管理体系、审计人员岗位责任制、审计账务处理程序、单位结算管理制度、定额管理制度、财务审批制度、财产清查制度、内部稽查制度等。

2. 对主管部门内部设置的审计中心管理有效性的审计

审计主管部门内部设置的审计中心的管理是否具有有效性,其实就是检查审计中心各项工作进展是否顺利。具体来说,对审计中心的工作进行审计,重点要检查审计中心的各项工作是否是严格遵循《审计法》等相关审计核算管理制度的,检查审计中心内部控制制度的执行情况,检查各部门资金在审计中心运行是否安全、顺畅、完整。对主管部门内部设置的审计中心进行审计通常采用审计核算统管的方式。

二、经济法律文书监督

经济法律文书监督,这里主要指对经济合同的监督。经济合同监督由公证机关执行。公证机关审查、监督被审计单位申请办理的经济合同是否真实、有效,是否合乎法律规定,同时,监督被审计单位是否切实地履行经济合同。

（一）经济合同的合法性

单位申请办理的经济合同要具有合法性，是指经济合同的设立和执行必须严格遵守《中华人民共和国经济合同法》（以下简称为《合同法》）的相关规定，尤其要符合《合同法》中规定的基本原则。

第一，经济合同要遵守国家法律政策。签订经济合同的双方当事人必须严格按照国家法律政策的规定，制订、执行、变更、解除经济合同。双方签订的经济合同必须建立在维护国家利益、社会公共利益及当事人合法权益的基础上，不能损害国家、社会及个人利益，要保证经济合同顺利履行，促进双方当事人各项工作顺利开展，从而最终促进我国社会主义建设事业顺利进行。

第二，经济合同要符合国家计划。双方当事人在签订经济合同时，必须要从国家计划出发，受国家计划的制约，为国家计划服务。凡是涉及国家指令性计划产品和项目的经济活动，双方当事人必须要先了解国家的计划，然后结合单位的实际情况，签订合同。如果没有涉及国家指令性计划，则双方当事人直接根据具体情况签订合同即可。如果在签订经济合同时，双方意见不统一，不能达成一致，那么双方当事人可以寻求上级主管部门进行协调处理。如果国家计划发生变化，应由业务主管部门负责协调处理。

此外，我们还需要明白，若当事人因特殊情况需要依法变更或解除经济合同时，必须进行公证证明。"依法"是指要符合《经济合同法》的相关规定。具体来说，包括以下几点：双方当事人经协商同意，不损害国家利益和影响国家计划；订立经济合同所依据的国家计划已修改或取消；当事人的一方因各种原因（如关闭、停产、转产等）而确实无法履行经济合同；因不可抗力或当事人一方无法防止的外因导致经济合同无法履行；因一方违约致使经济合同没必要继续履行。

第三，经济合同要保证平等的原则。经济合同保证平等是指在签订、履行、变更或解除经济合同的过程中，双方当事人必须处于完全平等的地位。首先，双方当事人应平等地协商合同内容及问题；其次，双方当事人在签订了经济合同后应共同享有和承担权利和义务。在经济活动中，不允许出现"霸王合同"或"衙门合同"的现象。只有双方当事人处于平等的地位，经济合同的效力才能充分体现，以为社会主义经济建设服务。

第四,经济合同要坚持等价有偿的原则。在签订、履行、变更或撤销经济合同的过程中,双方当事人必须遵循等价交换的原则,共同维护双方的经济权利和义务。例如,签订购销合同时,当事人一方按合同交付商品了,那么另一方就需按约定交付钱款。在签订劳务合同时,一方付出了劳动,那么另一方就要按规定支付约定的报酬。双方当事人要根据合同实现等价互换。由此可见,经济合同要有偿且等价。因此,在经济合同中,必须明确规定:商品或非商品收费金额结算办法;取得商品、接受劳务的一方,需认真支付价款或报酬;违反经济合同,需接受追索违约金、赔偿金等制裁,追索违约金和赔偿金的总额,不得超过一方当事人违约致使对方当事人遭受损失部分的价款。

(二)经济合同的真实性

单位申请班里的经济合同除了具备合法性外,还必须具有真实性,即双方当事人订立的经济合同要符合实际情况,双方当事人要具备法定的权利能力与完全行为能力,能全面地履行合同义务。

公证机关对经济合同的真实性进行审查,确保合同真实、有效,促使当事人双方明确各自的权利和义务。同时,通过对经济合同的真实性进行审查,可以揭发不法分子利用经济合同进行违法活动的情况,从而维护经济合同的严肃性,促进经济合同顺利履行。

(三)开展回访以检查督促当事人认真履行合同义务

在当事人履行经济合同的过程中,公证机关深入了解当事人的能力及履行合同的情况,督促当事人全面履行合同义务。公证机关通过回访的方式,随时掌握合同履行情况,依法解决合同履行过程中出现的问题,保证合同履行顺利进行。

此外,按照相关法律规定,在法庭上经济合同公证文书可作为特定的书证,即审判人员认为无疑义可直接采证时,经济合同公证文书可作为判决的可靠证据。经济合同公证文书还可强制违约方履行债务。当经济合同的一方(即债务人)有支付能力但未按规定支付违约金和赔偿金时,公证机关能开具准许强制执行的证明。[①]

三、采购和招标监督控制

招标采购是一种有序的市场竞争交易方式,是在一定的法律基础上,在投标人之间进行的比较和评价。招标采购过程中,投标人必须坚持诚信的原则。在招标采购过程中,由于各种因素的影响,难免会存在风险。因此,在招标采购中,防范风险是非常重要的。相应的招标采购部门必须做好充分的准备工作,设计合理有效的应对策略,以有效防范风险,保证招标人和投标人的利益。

一般而言,高校采购管理是由专门的采购部门所负责的,招标管理也有相对应的部门去负责,采购和招标是高校内部较为重要、影响深远的经济行为。同时,采购和招标要接受高校内部审计监督控制系统的监督。

(一)采购监督

为了维护国家利益,规范采购行为,全国人大常委会通过《中华人民共和国政府采购法》,而高校采购也必须遵行《中华人民共和国政府采购法》的相关规定,不能有丝毫逾规行为。高校采购分为两个部分,一是集中采购,二是自行采购。前者指的是高校采购的货物、工程或服务项目需要委托政府机构实施采购,集中采购需要达到两个标准,首先这些货物、工程或服务项目的金额超过了采购限额标准;其次,这些货物、工程或服务项目属于政府集中采购目录范围之内。

自行采购则与集中采购相反,指的是高校采购的货物、工程或服务项目的金额低于采购限额标准,另外,它们也不属于政府集中采购目录范围。高校采购的流程环环相扣,想对其进行监督,则需从每个环节入手,逐一进行监督。

---

① 李莉.高校内部审计思考理论与实践研究[M].长春:吉林大学出版社,2017.

1.采购手续监督

高校采购手续繁杂,对其进行监督是必要的。首先,监督人员要根据《中华人民共和国政府采购法》或当地政府颁布的法令法规去逐一审查高校采购的货物、工程或服务项目与政府采购要求是否有不一致的地方。如果不符合规定,则要心生警惕。

2.采购方式监督

对采购方式进行监督,重点要监督:采购过程中,是否出现了本应使用公开招标方式的,而未经相关部门同意擅自使用其他采购方式的现象;在招标前,是否出现采购工作人员将标底透露给相关人员的现象;采用各种方式去进行采购的,比如邀请招标、竞争性谈判、单一来源采购等,一定要着重监督在采购过程中这些方法的运用是否有不符合规定的情况。

3.采购程序监督

除了要监督高校采购手续、方式外,还要将采购程序的监督列为重点。首先要监督采购程序是否合法,其次要监督采购工作成员是否拥有采购资格,另外还要着重考察供货商是否拥有供货资质。根据采购方式的不同,监督重点也稍有不同。例如,如果采用的是竞争性谈判的方式,就要逐一核查供货商及所有谈判人员是否拥有资质;如果采用的是邀请招标的方式,就要看入选的供应商数量是否达标,相关条件是否符合招标要求;如果采用的是单一来源的采购方式,就要着重排查采购工作人员与其指定的供应商之间是否存在不正当的交易,采购而来的货物或服务的质量是否过硬;如果采用的是采用询价的方式,就要逐一核查所有询价人员是否拥有资质,是否出现不符合规定的行为,被询价的供应商的数量是否达标,资质是否符合要求;更重要的是,等相关采购活动告一段落后,要对货物验收或服务验收工作进行监督,着重核查验收人员与采购经办人的权责范围,严禁验收人员与采购经办人为同一人的现象发生。

4.采购合同和采购文件监督

监督人员还要对采购合同和文件进行监督,值得注意的是,针对合同的监督要着重审核合同的内容,对每项条款都要一一核对;针对文件的监督,要重点审查文件是否有缺失的情况,内容是否正确。另外,对合同和文件的监督,要注意审查合同签订时是否存在双方意愿不统一、某方因为各种原因不得不妥协的情况,这与平等、自愿的原则背道而驰;采购合同内容有无损害高校利益;采购文件整理是否完整、齐全;采购文件保管是否妥当。如果在监督审查过程中,发现问题,一定要进一步核查采购过程。

(二)工程项目招标监督

高校工程项目一般包括建筑物的新建、改建、扩建、装修、拆除、修缮等。高校要进行工程项目招标,必须严格按照《中华人民共和国招投标法》及地方招投标实施办法进行。高校工程项目招标主要有委托招标和自行招标。委托招标是指高校工程项目金额达到或超过当地政府规定限额,由政府招投标管理部门统一委托招标代理机构进行的重大项目的招标;自行招标是指高校工程项目金额低于规定限额,由政府招投标管理部门授权高校自行组织的招标。对高校工程项目招标的监督主要是从招标手续、招标过程和评标委员会组成等三个方面进行监督控制。[①]

1.对招标手续进行监督

针对招标手续的监督主要包括两方面的内容:首先是对招投标工程项目资质的监督,出现不符合规定的情况就要引起重视,并及时反馈;其次要看所有参与招投标的工程项目中,是否存在没有进行招投标的项目,如果存在这样的项目就及时记录这一情况并反馈。

2.对招标过程进行监督

针对招标过程的监督重点关注的是高校招标项目流程的完整性和规范性。主要包括以下几方面的内容。

第一,招标正式开始前,相关招标人员需要按照规定选择科学合理的招标方式,排除不符合规定的招标方式;相关招标人员还需要在指定的报纸、信息网站上发布招标公告,如果招标人员忽视了这两点,说明程序不规范。另外,监督人员要审查投标人员和组织的情况,至少有三

---

① 高新亮.新时期高校财务管理创新探索与发展 [M].北京:中国水利水电出版社,2019.

个以上特定法人或其他组织投标才符合规定,如果出现资质符合却被拒绝投标的法人或组织,也需查明原因。监督人员还要审查编制标底的工作人员的资质,观察他们是否参与编制同一招标项目的投标文件,而招标工作人员是否存在将标底提前泄露的情况。

第二,招标程序包含招标的开标、评标、定标等,监督人员首先要审查开标的记录,核实相关信息;其次要审查评标委员会的资质,评标过程中是否有不符合招标文件相关规定的情况,是否采取了正确的评标标准和方法;另外,监督人员要监督定标后招标人是否有故意改变中标结果的行为,在对投标人进行资格审查时是否有故意"放水"的行为,是否与不符合条件的投标商达成了私下交易;最后,监督人员要审查中标结果是否公平公正,各方人员存在相互串通投标报价的行为。

3. 对评标委员会进行监督

针对招标过程的监督的主要内容包括审查评标委员会人员构成是否合理;评标人员是否具备评标资格及评标是否公正合理。

首先,审查评标委员会的成员是否由招标人的代表和有关技术、经济等方面的专家组成;成员人数是否为 5 人以上的单数,其中技术、经济等方面的专家是否占总数的 2/3;评标委员会成员中是否包括与投标人有利益关系的人;主管部门工作人员是否没有担任评标委员会成员。其次,审查评标委员会成员中的评标专家是否具备评标资格,即是否在相关领域工作 8 年以上,是否具有高级职称或同等专业水平。最后,审查评标委员会成员在评标过程中是否始终坚持客观、公正的原则,是否对评标过程做到了全程保密,是否存在私下接触投标人且收受投标人的财物或其他好处的情况。

四、外部监督

伴随着《审计法》的实施,审计逐渐形成了一个单位内部监督、国家监督和社会监督的"三位一体"的审计监督体系。但是,在《审计法》中,对于审计监督的程序并没有作相关的规定,现行的审计人员管理体系存在诸多不足之处,导致所有者和债权人的监督弱化。审计监督方面存在的问题不能忽视,必须迅速采取有效的强化措施,完善审计监督。在完善审计监督中,外部监督的完善是重中之重。也就是说,完善国家监督和社会监督非常有必要的。

(一)国家监督

国家监督主要是指政府部门对各单位及其相关工作人员的审计行为进行的监督检查,以及对发现的违法审计行为进行处罚。在外部监督中,国家监督发挥着重要的作用,它决定了监督环境和监督程序。因此,必须要完善国家监督。而要完善国家监督,需要做好以下几方面工作。

第一,完善法律制度。对于审计监督,虽然说《审计法》已经做了一些明确的规定,但在现实生活中,仍然存在许多问题,如审计信息失真、审计造假等。因此,为了改善现状,有必要健全相关法律法规。根据相关案例修改、完善法律中不完善或不适合的条例,将法律条例与现实情况相结合,制定更完善、更健全的条例。

第二,加大执法力度。要加大执法力度,就是要做到从严执行。首先,严格按照规定完善执法程序,从严规范执法行为。其次,从严要求工作人员,加强各级工作人员的执法力度。最后,建立监督机构,从严监督执法人员,加强对执法行为的监督。总之,既要强化外部执法环境,又要提高执法人员自身执法素质,两方面同时强化,确保执法质量。

第三,协调政府监管主体,完善配套措施。政府不仅发挥着社会管理的作用,而且还发挥着宏观经济调控作用。作为监管的主体,政府应着力为企业创造一个公平、公正、平等的竞争环境,建立并完善各生产要素市场;建立统一的监督检查标准,实现审计、财政、监察等多部门工作协调互补。集中管理、多头监督,加强各监督部门之间的信息沟通,构建良好的监管信息网络,达到各部门信息互通、互用,从而形成有效的监督合力,避免社会资源的浪费。

第四,开展审计诚信教育。审计监督工作始终都坚持诚信的原则。但实际情况是,在审计行业,存在诚信缺失的行为,这严重影响了审计监督执行力度和执行效果。因此,为审计人员开展诚信教育是十分有必要的。通过开展诚信教育,让审计人员懂得职业操守,有助于提高审计人员的职业责任感,从而更好地从事审计工作,提高审计执行力度,促进审计工作更好地开展。

（二）社会监督

社会监督主要是指社会中介机构对委托单位的经济活动进行审计监督，并据实做出客观评价。可以看出，不同于国家监督，社会监督的主体是社会中介机构。[①] 在外部监督中，社会监督决定了监督广度和监督成效。因此，在完善国家监督外，也需要做好社会监督。要做好社会监督，需做好以下几方面工作。

第一，提高监督人员素质，保证监督质量。社会监督主要是指由注册审计师及其所在的审计师事务所依法对委托单位的经济活动进行的审计。发出审计监督的主体是注册审计师及其所在的审计师事务所。审计师审计执行力度强、审计素质高，对于保证审计监督效果具有直接的影响。因此，尽快建设一支高素质的注册审计师队伍具有非常重要的意义。要建设一支高素质的审计师队伍，需要做到以下几点：首先，要提高注册审计师的职业道德水平，培养审计人员具有爱岗敬业、遵纪守法、忠于职守、坚持原则、廉洁奉公的良好职业道德；其次，要提高注册审计师的业务水平，为审计师提供业务培训和技能锻炼机会，不断丰富审计人员的专业知识，增强审计人员处理经济业务的能力，提高审计人员的审计监督能力；最后，要提高注册审计师的意识，让其明白社会监督在审计监督工作中的重要性，促使其承担起相应的社会监督责任，让社会监督真正发挥作用。

第二，构建适合我国的具有中国特色的审计监督体系。首先，总结我国传统审计监督工作积累的有效经验，同时，借鉴西方国家在审计监督方面所积累的有益经验，吸取它们的教训。将这些经验、教训整合成为适合我国审计监督的有效资源。其次，创新审计监督方式，提高审计师行业的公信力和执行力。加强审计制度建设，杜绝危害审计质量的不当行为发生；加强行业自律建设，提高审计师职业风险意识，让审计师能独立、客观、公正地对待审计工作。最后，要提高社会监督机构的地位，让社会监督机构能充分发挥它们的社会监督作用。

第三，正确处理与审计监督工作相关的关系。与审计监督工作有关的关系包括审计监督手段与审计监督目的的关系、审计监督与审计基础工作的关系，以及各种类型审计监督之间的关系（如立法、行政、司

---

① 楼士明.企业会计概论 [M].杭州：浙江大学出版社,2002.

法、媒体、社会中介机构、企业、公众等多种审计监督的关系）。同时,要协调审计监督中公平与效率的关系。

在整个经济活动中,审计发挥着非常重要的作用。因此,要从各个方面促进审计工作顺利开展。加大审计相关法规宣传力度,从思想上重视审计;明确审计责任主体,加强审计人员在审计监督中的责任;加强企业外部审计监督制度,明确审计工作相关业务的程序和相关人员的职责权限。总之,完善审计监督,就需要完善内部监督机制和外部监督机制。建立科学的内部监督机制,促使企业内部、高校内部各部门之间相互监督、相互制约。强化国家监督和社会监督,提高外部监督力量,有效促进企业、高校经济活动风险防范,从而保证审计有效进行,促进审计质量提高。

高校审计监督的强化措施

一、新时期高校内部审计监督的薄弱环节

（一）审计主体审计局限

高校审计监督主体主要有国家审计机关、高校内部审计机构和社会审计组织等。这三个审计监督主体各具特色,有各自的优势,同时也

有不足之处。在高校审计监督过程中,三个主体相互协调,共同发挥有力的审计作用,能有效地促进高校审计工作顺利进行,促进高校各项经济活动有序开展。然而,令人遗憾的是,目前这三个主体的合成力量并不强,这也造成审计监督工作不到位,高校审计强度缺乏等问题。三个审计主体的审计工作表现出了严重的局限性。

1.国家审计机关的局限

在高校的审计监督工作中,国家审计机关发挥着最为重要的作用,这源于它得天独厚的优势,总结如下。

一是强制性的审计监督权力,二是高度自主性的审计范围和审计内容,三是高度权威性的审计评价,四是先进的审计技术手段、审计方式及审计思路,五是严肃的审计结论。总体来说,国家审计机关做出的审计具有高强制性和明显的审计效果。

虽然国家审计机关具有其他两个审计主体所不具有的优势,但也有着无法忽视的缺陷。因为这些缺陷,国家审计机关仿佛被牵制住了脚步,无法百分百发挥审计监督的作用。

由于这些劣势,致使国家审计机关不能有效地发挥审计监督作用。具体来说,国家审计机关的劣势主要表现在以下几点。

第一,审计力量严重不足。按照目前的审计管理体制,各地的中央部委所属高校由审计署及其派出机构进行审计。但是由于高校所处地理位置的原因,有些地点部属高校高度集中、分布较多,而有的地点没有部属高校,这导致相应的审计人员工作严重不平衡,出现个别特派办承担审计工作压力巨大,无法全力完成高校的审计工作。根据具体情况来看,自1998年以来,国家审计署已连续多年未组织对高校进行审计工作。2004年,审计署及其派出机构也仅仅完成了18所高校的审计工作。有些高校甚至从未接受过国家审计机关常规的财务收支审计。由此可见,国家审计机关的审计力量明显不足,不能满足现有的审计工作需求。

第二,审计计划有着很强的约束性。国家宏观经济发展的需求是不断变化的,而这种变化对国家审计机关的审计工作安排的影响是显而易见的。每年到了特定的时间,国家审计署都会在认真研究、仔细分析国家经济发展形势的基础上再一次调整审计重点,制定新的审计计划,确认无误后层层下发至基层审计机关,基层审计人员的工作便有了指南与方向。同时,基层审计机关要确定审计项目,也必须依据审计署的年度工作计划,受制于年度工作计划。因此可以看出,国际审计机关的审计计划约束性很强,缺乏一定的自主性和灵活性。

第三,行业审计受专业技术限制。国家审计机关对全国各行业、各领域、各单位均实行审计。而不同的行业、不同的领域、不同的单位,具有不同的特点,因此,相应的审计工作也就呈现出了不同的特点。国家审计机关审计人员在对不同的行业、领域、单位进行审计时,不可能全面地了解这些行业、领域、单位的专业特点。因此,与各行业、各领域和各单位的内部审计机构和社会审计机构相比,国家审计机关审计工作就体现出了一定的不足。

2.高校内部审计的局限

高校内部审计最明显的一个特点就是作为高校内部自身的审计机构,其能够全面地、充分地了解高校的专业特点,对高校的情况非常熟悉。为此,高校内部审计机构开展高校审计工作会更加顺利,审计工作会更加具有针对性,审计效果相应地会更好。但实际情况是,高校内部审计因自身存在的劣势,导致高校内部审计监督作用不能很好地发挥出来,在一定程度上表现出了局限性。

第一,高校内部审计独立性差,审计内容和审计范围严重受限。与高校内部其他部门相比,高校内部审计机构具有相对独立的地位,能有效地促进高校内部管理规范、高校经济活动有序进行。但是,由于高校内部审计机构受高校管理层领导,其开展的各项活动需对高校管理层负责,因此,高校内部审计机构审计工作又体现了较差的独立性。在面临学校全局性的问题时,高校内部审计机构无法对高校管理层作出的决策进行合理的评价。同时,高校内部审计机构也不能根据实际情况,独立地确定审计内容和审计范围。也就是说,其审计内容和审计范围必须要受高校管理层的控制。

第二,高校内部审计机构审计处理处罚权限受限,更多地服务于管理。高校内部审计机构属于高校内部管理行为,缺乏独立的处理处罚权限,其审计意见缺乏一定的强制性和权威性。目前,高校内部审计机构更多的是发现高校管理中存在的问题,针对这些问题提出改进意见,更多地为高校内部管理提供服务。

第三,高校内部审计机构缺乏有效的审计手段,缺乏先进的审计技术。高校内部审计机构属于高校内部管理行为,因而其审计手段受到很大的限制,在很多方面都不能有效地进行审计工作,如查询银行账户、对关联单位进行调查等都受到限制。另外,与国家审计机关相比,高校内部审计机构在审计技术方面明显落后,缺乏先进的审计技术,这在一定程度上影响了高校内部审计机构审计作用的发挥。

第四,高校内部审计机构分析和处理问题层次不高。因高校内部审计机构属于高校内部管理行为,其审计工作立场受限,因而其分析和处理问题的层次就不高。因其属于内部管理行为,所以高校内部审计机构提出的问题都主要集中在管理层面,其主要分析和处理的问题都是管理层面的问题,而对于政策、体制、制度等方面出现的问题不能给予深层次的分析。

3. 社会审计组织的局限

近些年来,对高校开展审计工作不再局限于国家审计机关和高校内部审计机构组织开展的审计工作,社会审计组织也在高校审计工作中发挥出了较大的作用。在高校基本建设审计领域,社会审计组织在工程招、投标环节,工程造价控制环节发挥了很大的作用,有效地弥补了国家审计机关和高校内部审计机构审计工作的不足。但是,由于受自身特点的制约,社会审计组织在高校审计工作中也呈现出了不足的地方。

第一,社会审计组织审计地位较弱。社会审计机构不能独立地开展审计工作,它必须在接受了高校和国家审计机关的委托之后才能开展审计工作,发挥其审计作用。由此可见,当社会审计组织脱离委托方的委托后,就无法自行确认具体的审计范围和内容。社会审计组织方方面面都受到委托方的牵制,连审计目的和目标也被后者控制,包括审计标准都必须符合委托方的要求,否则就失去效用。另外,审计结果出来后,委托方也将第一时间掌控此结果。可见,社会审计机构在委托方的"阴影"下,是很难自主、平等地发挥本身所具有的审计作用的。

第二,审计成本高。社会审计机构开展的审计工作是一种有偿服务,其在开展了一项审计活动后,必须得到一定的报酬。因此,与国家审计机关和高校内部审计机构相比,社会审计机构的审计工作成本较高,这导致其审计职能不能充分地、完全地施展,其审计作用受到了很大的限制。

（二）审计对象复杂限制审计作用发挥

1.高等院校组成规模庞杂

高校不仅是一所高等教育机构,单纯承担着教育任务和科研任务,而且它是一个复杂的、相对对立的社会体系。一所高校,除了本身的教育和科研外,还包括了附属医院、附属小学、附属中学、校办企业等具有关联性的二级单位。这些二级单位涉及了多种行业、领域和单位,相应地,其涉及的人员种类也繁多,包括教师、学生、干部等各种行业、领域、单位的人员。由此可见,高校的组成规模非常庞杂,而且数量众多,这就造成高校日常管理对象和审计对象众多、繁杂,从而其日常管理工作和审计工作就具有了很大的难度。在现行审计制度和审计模式下,高校开展的审计工作就难以对高校作出全面、客观、公正的评价。这给高校的审计工作带来了巨大的压力。

2.高等教育成果评价体系复杂

当前财务审计最重要的一个特点就是审计的效益性。而高校审计作为财务审计的一部分,也要注重效益性的体现。但是,就目前形势来看,高等教育成果评价成为高校审计效益性体现的最大障碍。在现有体制下,针对高等教育成果的审计评价,缺乏有效合理的核算机制和评价机制。而且,高校的教育成果重点体现在教学成果和科研成果上,对这两方面成果的评价,审计机关和审计机构无法作出。因此,高等教育成果评价就不能作为高校审计工作效益性评价的有力依据了。

（三）审计依据政策性限制

我国高等教育并未发展到成熟阶段,它明显还处于体制改革时期,无论是在大的体制方面还是在具体的政策方面,都有着非常多的不完善、不健全之处,这导致高校审计工作缺乏有力的政策支撑。

1.高等教育的定位不够清晰具体

就目前而言,我国高等教育目前的定位是不够清晰具体的,有的学者坚持高等教育应该更注重市场,走教育产业化的道路,有的学者坚持高等教育要培养更多的人才,将社会建设得更美好,关于这两种说法,众说纷纭、争论不下。部分高校为了拓宽发展空间,在已掌握的教学和科研资源的基础上,采用市场化手段,努力开发不同的收入渠道,慢慢丰满羽翼、增强实力。面对这一情况,国家教育主管部门并没有制定相关规定去进行管控,这导致高校审计监督工作时时遇到阻碍,并不能真正地全力开展。

2.高等院校内部收入分配制度存在弊端

目前,依据教育成果收入和科研成果收入,高校给予相应的专业、系、个人以一定程度的奖励性收入,这也造成了高校工作人员的收入不统一,即不同部门、岗位工作人员之间的收入存在差距。这种差距虽然有其积极意义,但更多的是体现了高校收入分配制度的弊端。只因这种差距本质上是因为不同专业、系及各科教师掌握不同比例的教学资源和科研资源所导致的,因此说,这种收入性差距对于大多数高校工作人员来说存在一定的不平衡性。目前,针对这种高校内部收入分配问题,国家相关部门还未有明确的管理规范。

3.教育收费面临政策性管理漏洞

当前,高校教育收费问题是一个比较敏感的话题。针对教育收费,国家有关部门也制定了相应的收费标准,在一定程度上规定了高校教育收费的范围和内容。但是,随着社会的快速发展,为了满足社会需要,部分高校开展了一些适应社会需求的服务项目,并且自主确定了收费标准。从理论上来说,这种项目和收费标准是与社会需求相关联,符合社会发展需要的。但是,按照现行制度,国家并没有明确的收费项目和收费标准。这些收费项目和收费标准又与现行制度相背离。

二、强化高校内部审计监督的途径

(一)构建具有实质性独立的内部审计框架

高校内部审计监督作用能否有效地发挥,与审计业务授权者的地位和权力息息相关。也就是说,高校内部审计监督工作需要强有力的专业支持和权力支持。因此,高校有必要构建具有实质性独立的内部审计机构框架。高校应建立内部审计委员会,由高校党委直接授权,接受高校党委的直接领导,从而让高校内部审计真正实现独立,保证高校内部审计机构和审计人员作出公正、客观的审计评价。将审计从纪检、监察、财务等部门中脱离出来,并与纪检、监察、财务等相结合,形成"监督合力",保证审计工作的权威性,督促审计意见整改落实,从而为高校内部审计发挥审计监督作用提供更多的权力支撑和组织保障。①

2018年3月,中央审计委员会成立,这在一定程度上推进了审计管理体制改革,加强了审计监督的独立性,促进了审计机构审计职能的发挥。同时,中央审计委员会的成立,从侧面推动了审计工作制度的完善,为构建集中统一、权威高效的审计监督体系提供了强有力的组织支持。

(二)以高校治理为框架改革内部审计制度

高校内部审计工作的有效开展,需要完善的内部审计制度的指导。因此,高校应构建健全合理的高校内部审计制度。而构建内部审计制度还应与高校治理结构相结合。

治理一般包括治理主体、治理客体和治理手段三个主要构成要素。对于高校来说,治理主体是指学校,各个学院、机关部门等二级单位;治理手段是指各种规章制度,如财务管理、基建修缮、科研管理、设备物资采购等。高校内部审计制度建设应以高校治理体系为框架依据,坚持审计制度的建立、修改、废止并行的原则。高校内部审计制度的建立可以围绕高校治理、业务监督、管理监督等层面展开。首先,在高校治理风险方面,建立战略审计和跟踪审计制度。其次,在业务风险方面,建立内部控制审计和专项审计调查制度。再次,在财务风险和经营风险方面,建立预算执行审计、经济责任审计和绩效审计制度。最后,在高校内部审计制度文件时效性方面,高校应根据最新的法律法规、各项方针政策的要求及高校内部治理发展规划的需要,对审计制度文件进行适时修订和完善,对于不适应当前形势发展需要的审计性文件,应及时废止,以保证高校内部审计制度文件的时效性,适应高校内部发展需要。

---

① 唐乐.新时代强化高校内部审计监督的再思考[J].吉林化工学院学报,2020,37(08).

（三）常态化推进实施内部审计队伍建设

要保证高校内部审计工作有效、有序开展和进行,除了需要完善的审计制度的保障和强有力的审计组织的领导外,高校内部审计工作还需要有一支审计能力强、审计综合素质过硬的专业审计队伍。因此,高校应加大力度进行内部审计队伍建设。首先,高校应转变观念,强化重视审计工作的理念,提高审计意识,为审计队伍建设提供理念支持。其次,高校应配备既了解传统理论知识又掌握计算机审计技术、并且能适应内部审计工作要求的复合型审计人员。再次,定期组织开展审计相关专业知识与计算机信息技术相结合的专业技能培训,加强与第三方审计机构进行经验交流,做好内部审计人员的继续教育工作,常态化推进高校内部审计队伍建设。最后,高校还应提高内部审计人员的职业道德修养和综合素质,从而提高内部审计人员的审计责任意识和胜任能力。此外,高校还应鼓励高校内部在职审计人员参加全国性职业资格考试并获取职业资格,积极参加高校组织的职称评聘。通过实施内部审计队伍建设,提升内部审计人员的综合素质,从根本上提升审计工作的效率和质量,从而为推动内部审计的现代化转型发展奠定坚实的基础。

（四）创新内部审计工作方法和手段

当前,高校的内部审计工作信息化水平还不是很高,审计工作方法和手段还相对落后,很多高校内部审计工作还是以搜集、整理和分析纸质材料来进行审计为主。为了改变这种状态,高校应下大力气加强科技强审,加快高校内部审计信息化建设,充分利用互联网、大数据平台等高科技手段,实现高校治理的动态监督。首先,高校应充分利用内部的优秀信息技术人才,将计算机辅助审计技术运用到审计工作中,将手工查账与计算机辅助审计技术有效结合,从而实现内部审计工作方法和手段的创新。其次,建立审计数据支持的信息库。这个信息库中要包含审计档案库、经验库、单位库、项目库等众多资源库。利用数据的挖掘、分析、数据运算和预测等方法,实现资源的有效整合,减少人工工作量,从而有效提高内部审计工作效率和质量。总之,在当今社会,实施科技强审,加快推进审计信息化建设,创新内部审计工作方法和手段,对于促进高校内部审计监督工作顺利开展,提高高校内部审计监督质量,改善高校内部审计现状具有重要的意义。

(五)落实审计整改并加强内部审计结果运用

包括高校在内的企事业单位进行审计工作的目的都是为了落实审计整改,加强运用审计结果。为了有效落实审计整改,促进审计结果的有效利用,高校内部审计技工应采取以下几方面的措施。首先,针对审计报告或审计建议书中提出的问题,高校内部审计机构应与被审计单位进行沟通、交流,帮助被审计单位分析内部审计过程中发现的问题,并提出合理的审计意见和整改措施。其次,建立跟踪督查制度,落实责任追究制度,形成长效监督机制,将审计结果和整改落实情况纳入高校内部考核中,并将其作为评价高校干部的重要依据。总之,高校内部审计机构应科学地、合理地运用内部审计结果,这有助于避免互相推诿责任现象发生,能有效地促进内部审计监督作用的发挥,从而优化高校的治理能力。

第三节

高校审计风险防范

一、高校内部审计风险的内涵

一般来说,传统的审计以制度为基础,而现代审计则以风险为导向。可以说,审计风险与审计质量密切相关,它既是决定审计质量的关键因素,也是分配审计资源的先决条件。

从广义的角度来说,内部审计风险分为审计职业风险和审计工作风险。其中,审计职业风险是指对高校内部审计职业发展具有不利影响的因素与环境。审计职业风险属于客观的外部风险。审计工作风险是指在高校审计活动中,由于不确定因素影响或由于审计人员审计水平的影响,审计主体作出不恰当的审计评价,甚至是隐瞒高校内部存在的问题,从而使高校造成损失。

随着高校办学规模不断扩大,高校参与市场经济竞争的活动逐步增多,因此,高校的办学模式和管理理念也发生了变化,逐渐转变为利益相对独立的现代办学模式和管理模式。在这种利益相对独立的现代办学模式和管理模式下,高校内部各职能部门之间逐渐形成了分权管理、分级负责的管理体制。在这种体制下,高校内部审计机构开始独立,发挥监督与评价作用。高校内部审计机构可对高校内部相关的经济行为进行监督和评价。如果高校内部审计人员采用不合理的、不正确的审计程序和方法,作出的审计结论不正确,没有发现重大问题,从而使高校造成严重后果,那么这就是所谓的高校内部审计风险。由此可见,高校内部审计风险是必然存在的。

二、高校内部审计风险产生的原因

高校内部审计风险具有客观性和必然性,审计风险形成的原因也是复杂的、多方面的,归纳起来主要有以下几个方面。

(一)审计人员综合素质高低严重影响审计风险

审计人员综合素质的高低严重影响了审计风险。这里主要体现为两个方面。第一,道德风险。由于审计人员思想、道德、作风方面存在问题,严重缺乏职业道德,从而在审计工作中,不能严格要求自己,对审计问题放松警惕,故意隐瞒或夸大内部审计事实,放任严重的审计问题或经济案件,由此造成严重后果。这种风险是由审计人员的道德素养造成的,因而称为道德风险。第二,能力风险。高校内部审计人员素质高低不同,专业技术能力强弱不等。高校内部审计机构缺乏复合型审计人才。因此,在审计工作中,由于审计能力、技术水平的低下,导致出现审计操作失误、审计评价错误,从而造成严重的不良后果。这种情况下也会形成审计风险。

(二)内部审计制度本身存在缺陷

与国家审计和社会审计不同,高校内部审计机构开展审计工作时,由于内部审计制度不完善、不健全,很容易受到主观条件和客观条件的影响,导致审计工作不能顺利开展,在审计手段和方法方面出现问题。目前,高校内部审计工作手段和方法主要停留在现场审计的经验审计阶段,存在的风险比较集中。首先,已被广泛应用的降低审计风险、提高审计质量的科学方法,在高校内部审计工作中很难被应用。其次,在审计工作中,出于要考虑审计成本,因此高校内部审计无法获得充足的审计证据。这些都有可能导致审计风险的增加。

(三)审计力度小,手段落后,工作规范性不够

高校内部审计,不同于国家审计和社会审计,其缺乏一定的强制性和充分的公正性。同时,在审计工作中,没有遵循相应的审计法律法规,完全凭经验进行审计,这就增加了审计的出错率,在一定程度上增加了审计风险。

同时,高校内部审计工作不规范,审计方案整理不完整、不准确,审计取证方法不合理,特别是对一些经济事项,如异常经济事项、期后事项等,审计深度不够。总之,高校内部审计力度不足,审计方法和手段落后,审计工作欠缺规范,这些都在无形中增加了高校内部审计风险。

(四)被审计单位会计基础工作薄弱及财务管理水平不高

高校内部审计风险的造成还与高校内部本身的工作情况有密切关系。第一,高校内部会计核算工作差,财务工作处理不规范,会计资料整理不完善、不正确。第二,高校内部控制制度不完善,内部控制制度

不能被有效地执行。这两方面都导致高校内部审计人员在审计过程中频繁出错,从而增加审计风险。

(五)审计对象的复杂性和隐蔽性

由于高校内部审计对象众多,存在复杂性和隐蔽性,这些在一定程度上导致高校内部审计工作难以顺利开展,造成高校内部审计人员不能作出正确合理的审计判断和审计评价。尤其对于一些比较敏感的审计事项,由于审计对象的复杂性和隐蔽性,则会面临很大的审计风险。

(六)内审工作执业环境较差

高校内部审计工作除了受到上述因素的影响外,还会受到职业环境的影响。首先,高校内部审计机构虽然相对独立,但由高校主要负责人领导,受高校管理层约束,在人、财、物等方面其实并未实现真正的独立。其次,高校内部审计机构的审计工作人员与高校内部其他部门工作人员之间有着千丝万缕的联系,在开展审计工作时,审计工作人员经常会出于情感或利益的考虑而使审计工作流于表面,从而增加了审计风险。

三、高校内部审计风险的特点

(一)高校内部审计风险与学校实现教学目标所面临的风险具有一致性

高校内部审计机构进行审计工作的最终目的是为了维护高校内部财经纪律和各项规章制度,加强高校内部管理,促进高校党风廉政建设,提高高校办学效益,建立良好的高校工作秩序。这一目的与高校办学方向相一致,与高校的教学目的相一致。因此,可以说,高校内部审计与高校整体密切相连,二者有着共同的目的、共同的利益。因而,二者也就可能面临共同的风险。

（二）高校内部审计风险范围扩大化

高校内部审计机构,作为高校的职能部门,其监督与评价的范围不仅仅局限于财务方面。也就是说,高校内部审计机构的审计工作范围广泛,包括财务收支审计、经济责任审计等,而且随着高校在招生录取、学科设置、物资采购、基建工程、干部聘任等方面腐败现象的产生可能性增大,高校内部审计工作的审计对象的范围和内容还在不断扩大。因此,如果高校内部审计机构不能有效开展审计工作,不能正确进行审计评价和判断,那么就会造成更大范围的审计风险。

（三）高校内部审计环境的局限性增加了审计风险系数

一般来说,高校内部审计属于高校内部自我的管理控制,是高校内部的事务工作。因此,高校内部审计工作居于一定的局限性。当内部审计工作不再局限于高校内部,而扩展到高校之外的单位时,那么内部审计就很难以获取有力的审计证据,从而不利于审计工作开展,增加了审计风险的发生。而且,审计工作中,涉及具体的人和事,难以施行审计回避制度,这在一定程度上导致审计工作失公正性,最终有可能造成较大的审计风险。

（四）高校内部审计对审计事项不具有选择性

社会审计机构在开展审计工作时,可以对审计事项进行选择。通过了解被审计单位的基本情况,进行符合性程序测试,提前评估审计风险,从而根据测试结果和评价结果,选择是否接受或拒绝被审计单位的审计事项委托。但是,对于高校内部审计机构而言,却不具备选择性。因此,高校内部审计机构属于高校内部职能部门,高校内部审计属于高校内部管理行为,高校内部审计开展的一系列审计工作都是围绕实现高校教学目标而展开的。因此,高校内部审计机构在开展审计工作时,不能对审计项目进行选择,只能是根据实际情况不断协调审计工作,努力提高审计工作质量,降低审计风险的发生。

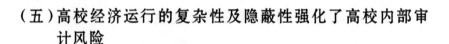

（五）高校经济运行的复杂性及隐蔽性强化了高校内部审计风险

随着高等教育的全面普及，为了不断扩大高等教育规模，国家不断增加对高等教育的资金投入，不断促进高校向更大的规模发展。但是，在当前的发展形势下，国家投入的资金并不能满足高校的需求，因此，高校通过各种途径获取大量的资金支持。随着来自不同途径资金的大量涌入，高校出现了一些不良的经济运行情况，如隐瞒创收收入、私设"小金库"等，这些都与高校经济运行的复杂性和隐蔽性有着巨大的关联。这些不良行为，导致高校内部审计机构面临了更加复杂和严峻的局面，从而进一步增加了内部审计风险。

四、高校内部审计风险防范措施

（一）提高审计人员素质以增强防范能力

审计风险防范与审计执法质量息息相关。换句话说就是，高校内部审计工作质量提高，那么高校内部审计风险就会减小。而审计执法质量的提高又与审计人员的工作素质有关。因而，为了增加高校内部审计风险防范力度，必须提高审计人员的综合素质。首先，提高审计人员审计职业素养。增加理论学习和教育，提高审计人员的政治理论水平和思想政治觉悟，促使审计人员养成良好的职业道德，从而自觉遵守相关审计法律法规，自觉按照审计操作规范从事审计工作。其次，强化审计人员业务能力。积极寻求多种培养渠道，建立完善培训体系，组织并进行审计专项培训，促进审计人员审计业务技术和能力的提升。再次，鼓励审计人员参加职业资格考试，获取职业资格，积极通过各种渠道学习，拓宽知识面，丰富审计知识内容，从而提高自身的业务水平。总之，内部审计风险是随时随地存在的，作为审计工作的主要责任人——审计工作人员，必须时刻提高自身的综合素质，增强自身的责任感，时刻保持警觉心，以严密防范审计风险发生。

（二）建立健全高校内部审计风险防范机制

要减少内部审计风险的发生,需要有完善的防范机制体系。因此,高校必须建立健全高校内部审计风险的防范机制。

1. 组织、保障机制

高校通过建立审计委员会,可以完善高校内部管理,防范内部审计风险发生。高校根据《审计法》《审计署关于内部审计工作的规定》及《教育系统内部审计工作规定》建立高校内部的审计委员会,选取具备丰富专业知识的人员担任审计委员会主席,同时允许学校主要职能部门参加。审计委员会成立后,具备广泛的职能:制订高校内部审计方针,决定高校内部审计项目,审核高校内部审计报告,协调高校各职能部门之间的关系,向高校决策层负责并报告工作,拥有在决策层发表意见的权力。建立审计委员会,保证了高校内部审计工作的独立性和权威性,在一定程度上促进了高校内部审计工作有序开展。

2. 行业自律机制

从1998年开始,我国就建立内部审计协会,主要负责各行业内部审计的协调与指导工作。内部审计协会是各单位内部审计机构的行业自律组织。在当今社会,高校为了更好的发展,塑造良好的社会形象,提高社会地位,高校需要促进自身科学技术发展,维护公众利益,需要内部审计协会对自身进行工作指导和评价。内部审计协会能为工作人员提供丰富的审计信息和知识,促进审计人员职业道德和业务素质的提高,促进内部审计工作方式的改善,促进高校建立全新的审计局面。同时,高校内部审计机构积极参加内部审计协会活动,支持内部审计事业发展,有效防范内部审计风险,为高校内部审计工作创造良好的职业环境。

3. 交流沟通机制

高校内部审计机构属于高校的一个职能部门,不仅要接受高校内部管理层的领导,而且还要接受国家审计的指导。在双向责任导向下,高校内部审计机构与被审计对象之间,不仅仅是监督与被监督关系。因此,高校内部审计机构要积极转变观念,摆正位置,树立为提高学校经济效益服务的职业形象,从而提高高校领导和各职能管理部门对内部审计的认识。一方面,高校内部审计机构通过交流和沟通,积极宣传高校与国家在根本利益上的一致性。当国家利益与高校利益发生冲突时,要积极维护国家利益,从而提高高校的社会信誉,提供高校的利益。另一方面,高校内部审计机构通过交流和沟通,让高校管理层明白高校内部审计对高校工作具有积极的辅助作用,高校内部审计不仅能促进高校经济效益的提高,而且还能积极维护高校的合法权益。通过交流和沟通,高校内部审计与高校各部门积极配合,共同防范内部审计风险,促进高校经济活动顺利开展。

(三)利用现代审计技术和方法合理规避风险

当前,高校内部审计工作仍以手工对账为主要审计手段,还没有完全、充分地利用现代先进的计算机技术,这在一定程度上阻碍了审计工作的现代化。因此,导致内部审计工作出现审计对象复杂化与审计手段和方法相对落后的矛盾,这增加了内部审计风险的发生。为此,审计工作人员必须有效缓解审计对象复杂化与审计手段方法相对落后之间的矛盾,从而有效规避内部审计风险。

1.采用风险导向审计模式,规避内部审计工作的生存风险

高校内部审计风险包含的范围比较广,不仅指审计工作中没有揭示的舞弊行为和不合理的审计评价和判断,而且还包括高校各种活动中阻碍教学目标实现的各种风险。而实施风险导向的审计模式,则有利于规避高校内部审计工作中存在的风险。因为,风险导向审计模式,可以监督高校各职能部门和经营单位的内部控制的强弱,可以评价经营单位的营业情况,还可以从高校全局出发观察高校办学过程中的风险环境。运用风险导向审计模式,确定高校内部审计项目,确定审计重点,提出风险防控建议,促使高校合理地规避了内部生存风险,促进了高校发展。

2.将计算机技术引进高校内部审计工作中,增加控制审计风险的手段

运用计算机审计软件,不仅在一定程度上减轻了内部审计人员的工作量,缓解了内部审计人员工作压力,而且促进了内部审计资源的合

理配置,将复杂的查找、计算等工作交付于计算机审计软件,让审计人员可以更多地投入分析和判断审计项目上,降低审计成本。同时,在应用计算机审计软件时,会产生一些隐蔽的虚假的会计信息,这时候再通过审计人员手工审计,两种审计手段相结合,有效规避审计错误,减少审计风险发生,从而有效提高高校的办学效率和社会效益。

(四)建立质量责任制以规范审计行为

要有效防范内部审计风险,最直接的还是要规范审计人员的审计行为,监督审计质量,建立质量责任制。首先,在审计过程中,审计人员必须坚持依法审计。以审计法律法规为依据,搜集合理、真实、可信的审计证据,采取合理、可行的审计程序和审计方法,不得凭主观意愿来推断。其次,注重审计工作文件的完整性。在审计工作中,审计工作人员要严格按照搜集、整理的审计材料来编制审计工作文件,无论是重要的还是不重要的材料信息都要进行整理,不能遗漏任何一项材料信息,从而保证尽可能全面地掌握被审计单位的财务收支情况。再次,要保证审计评价的客观公正性。审计工作人员要正确使用法律法规和有关规定,不能错误使用;在内容、方式、标准和用词方面要准确、规范,不可掺杂主观臆断。最后,审计处理处罚要公正、合理。严格落实审计质量责任制。审计工作人员在审计工作中要职责清晰,责任明确,合理分工,充分发挥各自作用,加强相互协作,真正把责任落到实处。同时,认真实行审计组长负责制,严格落实复核、审计报告审理制度,把好审计项目质量关,使审计风险降到最低。

参考文献

[1] 易艳红.高校内部控制与风险防范 [M].北京：国家行政学院出版社,2019.

[2] 刘芬芳,梁婷.新时期高校财务管理问题研究 [M].太原：山西经济出版社,2019.

[3] 闵剑.面向世界一流大学绩效管理的高校预算绩效管理体系研究 [M].武汉：武汉理工大学出版社,2019.

[4] 徐峰.现代高校财务管理的实施与监督 [M].长春：东北师范大学出版社,2018.

[5] 刘罡.高校财务内部控制实务 [M].北京：中国农业大学出版社,2018.

[6] 孙杰.高校财务管理创新理念与关键问题探索 [M].长春：吉林大学出版社,2018.

[7] 李莉.高校内部审计思考理论与实践研究 [M].长春：吉林大学出版社,2017.

[8] 浙江省教育会计学会.教育财会的理论与实践探索第 4 辑 [M].杭州：浙江大学出版社,2017.

[9] 张小军.高职院校财务管理的理论与实践 [M].昆明：云南大学出版社,2017.

[10] 李长山.现阶段我国高校财务管理的若干问题研究.北京：北京理工大学出版社,2017.

[11] 邵积荣.高校经济活动内部控制研究 [M].广州：羊城晚报出版社,2017.

[12] 金贵娥.民办高校财务管理研究 [M].武汉：华中科技大学出版社,2017.

[13] 乔春华 . 高等教育供给侧改革的财务视角 [M]. 南京：东南大学出版社,2017.

[14] 周亚君,刘礼明 . 高校财务管理案例剖析 [M]. 南京：南京师范大学出版社,2016.

[15] 吴井红 . 财务预算与分析 [M]. 上海：上海财经大学出版社,2016.

[16] 周庆西 . 内部审计新视点 [M]. 天津：南开大学出版社,2015.

[17] 徐明稚等 . 高校财务风险及预警防范机制研究 [M]. 上海：东华大学出版社,2015.

[18] 胡服 . 中国高校财务管理探索 [M]. 昆明：云南人民出版社,2014.

[19] 张曾莲 . 基于非营利性、数据挖掘和科学管理的高校财务分析、评价与管理研究 [M]. 北京：首都经济贸易大学出版社,2014.

[20] 武金陵 . 高校经济责任审计研究 [M]. 重庆：重庆大学出版社,2013.

[21] 黄永林 . 高校领导干部财务工作手册 [M]. 武汉：华中师范大学出版社,2013.

[22] 刘智刚 . 教育审计创新研究 [M]. 天津：南开大学出版社,2012.

[23] 赵长城等 . 地方高校发展若干问题的思考 [M]. 北京：中国经济出版社,2012.

[24] 夏再兴,杨红霞等 . 地方高校教育浪费与成本控制研究 [M]. 武汉：华中师范大学出版社,2012.

[25] 别荣海 . 财务绩效视角下高校管理制度创新研究 [M]. 北京：中国社会科学出版社,2012.

[26] 刘文华 . 地方高校财务内部控制与财务绩效管理研究 [M]. 长沙：中南大学出版社,2011.

[27] 赵耿毅 . 高校领导干部经济责任审计指南 [M]. 北京：中国时代经济出版社,2011.

[28] 黄永林 . 高师财务管理研究第 9 辑 [M]. 武汉：华中师范大学出版社,2011.

[29] 陈伟光 . 教育内部审计规范 [M]. 北京：人民教育出版社,2010.

[30] 周庆西 . 高校管理审计研究 [M]. 天津：天津人民出版社,2010.

[31] 黄永林,朱秀林 . 高师财务管理研究第 8 辑 [M]. 苏州：苏州大

学出版社,2009.

[32] 毕连福,潘平.高校后勤企业化管理及自组织机制研究 [M].沈阳:辽宁大学出版社,2009.

[33] 陈田初.规范改革绩效上海高等学校财务管理记述 [M].上海:华东理工大学出版社,2008.

[34] 司金贵.山东省教育财务管理研究第 2 辑 [M].济南:山东大学出版社,2008.

[35] 徐宏峰.高等教育管理审计 [M].南京:河海大学出版社,2007.

[36] 国家审计署驻武汉特派办.高校财务管理与审计监督 [M].武汉:华中师范大学出版社,2006.

[37] 陈竹.高校内部控制分析与设计 [M].北京:兵器工业出版社,2005.

[38] 刘宜主.高等院校审计理论与实践 [M].西安:陕西师范大学出版社,2002.

[39] 黄雨三,熊礼俭.学校成本核算与财务管理规章制度全书中 [M].长春:吉林音像出版社,2003.

[40] 审计署驻国家教育委员会审计局.教育审计的实践与探讨 [M].北京:教育科学出版社,1990.

[41] 王茜一.高校财务内部控制问题及对策分析 [J].财会学习,2021（02）:170–172.

[42] 李亚东.高校财务内控存在的问题及对策分析 [J].中国乡镇企业会计,2020（12）:202–203.

[43] 付捧枝.民办高校财务内部控制存在的问题及对策 [J].财富生活,2020（18）:76–77.

[44] 张晓宏.基于内部控制框架下高校财务内部控制体系存在问题及对策研究 [J].现代营销(经营版),2020（09）:228–229.

[45] 谢基伟.高校财务内控存在的问题及对策分析 [J].中国乡镇企业会计,2020（02）:206–207.

[46] 柯萍.高校内部控制视野下的预算绩效管理对策 [J].财富生活,2019（22）:172–174.